l' **ABC**

de

Maillol

Isabelle Cahn
Jean-Luc Daval
Bertrand Lorquin
Antoinette Le Normand-Romain
Dina Vierny

Flammarion

LES QUESTIONS QUE L'ON SE POSE

Maillol est l'un des sculpteurs les plus populaires du XXe siècle. Sa peinture, à l'inverse, est moins connue. Peut-on comprendre l'un sans l'autre ? Ne faut-il pas regarder à nouveau ses tableaux pour mieux cerner son univers et ses méthodes ?

Formé à l'École des beaux-arts, Maillol s'en détourne pour la peinture de Gauguin, se rapprochant des Nabis, Vuillard, Bonnard, Maurice Denis. Mais, chez lui, la volonté classique n'est-elle pas plus forte que le rejet de l'art institutionnel ?

Maillol ou l'éternel féminin... On résume trop souvent encore son œuvre à ses corps vigoureux de femmes où s'exprime une sensualité sans entrave. N'y a-t-il pas un autre Maillol ? Celui des allégories ? Celui des monuments aux morts ?

COMMENT L'ABC*daire* Y RÉPOND...

Le guide de l'abécédaire p. 6

Il explique comment comprendre Maillol en regroupant les notices de l'abécédaire selon la nature de son art et les circonstances de sa vie. Un code de couleurs indique le genre de chaque notice :

■ Les œuvres :
les sujets de l'artiste,
l'analyse du style.

▪ L'entourage :
les artistes,
les amis et mécènes,
les critiques.

■ Le contexte :
les courants esthétiques,
la pratique sculpturale,
le cadre historique.

À partir de la lecture de ces notices, et grâce aux renvois signalés par les astérisques, le lecteur voyage comme il lui plaît dans l'abécédaire.

L'abécédaire p. 29

Par ordre alphabétique, on trouvera dans ces notices tout ce qu'il faut savoir pour entrer dans l'univers de Maillol. L'information est complétée par les éclairages suivants :
- des commentaires détaillés de ses sculptures majeures ;
- des encadrés qui expliquent ses choix thématiques ou stylistiques et précisent le contexte dans lequel s'inscrit sa carrière.

Maillol raconté p. 11

En tête de l'ouvrage, le récit de la vie et le sens de l'œuvre sont restitués dans leur développement historique. Cette synthèse reprend l'articulation du guide de l'abécédaire en développant chacun de ses thèmes.

I. D'UN SIÈCLE L'AUTRE

A. Sur les traces de Gauguin

Maillol, qui ambitionne de devenir un grand peintre, arrive à Paris en 1881. Déçu par l'École des beaux-arts, il se tourne dès 1889 vers la peinture de Gauguin. Il applique aussitôt les leçons du maître de Pont-Aven – formes synthétiques et couleurs arbitraires – à ses propres toiles.

- Bourdelle (Antoine)
- Côte d'Azur (La)
- Couronne de fleurs (La)
- Femme à l'ombrelle (La)
- Formation
- Gauguin (Paul)
- Japonisme
- Monfreid (Daniel de)
- Puvis de Chavannes
- Salon

B. Premières tapisseries

Se rapprochant des peintres nabis vers 1894, Maillol partage leur goût pour les arts décoratifs. Lui-même, fasciné par le cycle de *La Dame à la licorne* (musée de Cluny), crée des cartons de tapisseries dont il supervise la réalisation. À la même époque il s'essaie à tailler ses premiers reliefs sur des bois fruitiers, et découvre son don pour la sculpture.

- Amitiés
- Bonnard (Pierre)
- Céramiques
- Denis (Maurice)
- Lavandières (Les)
- Nabis
- Rippl-Rónai (József)
- Sérusier (Paul)
- Tapisserie
- Vuillard (Édouard)

C. Sculpter : du relief aux volumes pleins

En passant du bas-relief à la ronde-bosse, entre 1896 et 1903, Maillol amorce une recherche formelle autour du nu féminin qui sera l'œuvre de toute sa vie. Ses statuettes commencent à connaître un certain succès. Le célèbre marchand Vollard les expose avant d'en exploiter les fontes à outrance.

- Bas-relief
- Bois
- Bronze
- Léda
- Mirbeau (Octave)
- Source (La)
- Taille directe
- Terres cuites
- Vague (La)
- Vollard (Ambroise)

II. MAGNIFIER LE CORPS HUMAIN

A. L'architecture des formes

En 1903 Maillol rencontre le comte Kessler qui sera son mécène et ami. Il expose au Salon d'automne pour la première fois en 1904, mais c'est l'année suivante qu'il s'y impose avec *La Méditerranée,* agencement rigoureux de volumes pleins. Octave Mirbeau et André Gide parlent à son propos de « renouveau » de la sculpture, de nouvelles harmonies formelles.

- *Cycliste (Le)*
- *Désir (Le)*
- *Gide (André)*
- *Kessler (comte Harry)*
- *Matisse (Henri)*
- *Méditerranée (La)*
- *Orient*
- *Ronde-bosse*
- *Salon d'automne*

B. La recherche du monumental

L'Action enchaînée (1905) est le premier monument public de Maillol et aussi son premier scandale. L'incompréhension des tenants de l'académisme lui vaudra bien d'autres déboires. Néanmoins ses amis ne ménageront pas leurs efforts pour lui faire obtenir d'autres commandes de municipalités ou de collectionneurs privés, comme le russe Morosov.

- *Action enchaînée (L')*
- *Air (L')*
- *Cézanne (Monument à)*
- *Debussy (Monument à)*
- *Dessins*
- *Pomone*
- *Scandales*
- *Morosov (Ivan A.)*

C. Maillol moderne

En complète rupture avec l'art de Rodin, la « modernité » silencieuse de Maillol finit par s'imposer pendant l'entre-deux-guerres qui le consacre comme le plus grand sculpteur français vivant. Son refus de toute expression outrée l'apparente aux méthodes des jeunes sculpteurs comme Brancusi ou Duchamp-Villon, dans les années 1910-1920.

- *Abstraction*
- *Classicisme*
- *Cubisme*
- *Entre-deux-guerres*
- *Modelé*
- *Mouvement*
- *Post-impressionnisme*
- *Primitivisme*
- *Rodin (Auguste)*

III. « CE SONT DES IDÉES QUE JE CHERCHE »

A. La permanence du féminin

« Une seule idée, un seul objet, un seul champ d'inspiration, d'étude et d'expérience ont occupé le génie de Maillol : le corps de la femme », écrit Jean Cassou. Une telle unité est rare chez un artiste, d'autant plus que sa recherche n'explore pas de multiples directions mais tend, patiemment, à saisir toujours la même intériorité par l'agencement équilibré des formes.

- *Grand Nu jaune (Le)*
- *Harmonie*
- *Inspiration*
- *Narcisse (Clotilde)*
- *Nu*
- *Vierny (Dina)*

B. Figurer la mort

Les statues de Maillol, quoique refusant le plus souvent le moindre mouvement, n'ont rien de désincarné, même quand elles personnifient la souffrance de la nation ou l'hommage à de grands hommes disparus. Maillol a toujours préféré dans ses monuments publics représenter une idée abstraite par le corps d'une belle femme.

- *Équilibre*
- *Geste (absence du)*
- *Guerres mondiales*
- *Monuments aux morts*
- *Rivière (La)*
- *Statuomanie*

C. Allégories de chair

De même, les sculptures dont les titres se réfèrent à la mythologie réinventent l'héritage des déesses antiques : la *Léda* de Maillol est sans cygne ; ses *Quatre Saisons* ne connaissent ni automne, ni hiver, et sont un hymne à la jeunesse et à la vie épanouie.

- *Léda*
- *Pomone*
- *Nymphes (Les Trois)*
- *Symbolisme*
- *Tuileries (jardins des)*
- *Vénus*

MAILLOL RACONTÉ

La vie et l'œuvre de Maillol (1861-1944) sont une succession de paradoxes. Sa vie appartient à parts égales aux deux siècles, mais son œuvre se situe volontairement hors du temps. Dans sa jeunesse, il voulait obstinément devenir peintre ; passé quarante ans, il s'impose comme un grand sculpteur.

La Couronne de fleurs (détail), 1889. Collection Josefowitz (ill. p. 45)

I. D'un siècle l'autre
A. Sur les traces de Gauguin

Maillol passe son enfance dans le village de Banyuls-sur-Mer, au pied des Pyrénées. Très jeune il révèle des aptitudes pour le dessin et doit lutter contre les préjugés familiaux pour suivre des études à Paris. L'enseignement des Beaux-Arts lui semble trop académique (voir Formation) et le laisse insatisfait. De plus il traverse une longue période de misère. C'est le peintre Daniel de Monfreid* qui lui fait découvrir l'œuvre de Gauguin* en l'emmenant au café Volpini où se tient, en 1889, l'exposition du « groupe impressionniste et synthétiste », dans l'enceinte de l'Exposition Universelle. Albert Aurier, l'un des grands critiques du temps, discerne déjà dans Gauguin « l'un de ces sublimes voyeurs, [...] initiateur d'un art nouveau ». Maillol est ébloui par la beauté des tableaux de Gauguin et conquis par ses idées. Une amitié naît entre les deux artistes. Gauguin s'élève contre le

Ruet, Maillol, Artigue et Crebassa. Photographie d'Émile-Antoine Bourdelle. Paris, musée Bourdelle.

dogme impressionniste fondé sur la représentation fidèle des sensations visuelles. Il formule dans sa peinture une nouvelle esthétique qui sera reprise par Sérusier et Denis et servira de fondement aux théories du groupe nabi. Gauguin rappelle « qu'il faut, au-dessus de ce monde des apparences habituelles, bâtir le monde saint d'une meilleure vie ; [...] c'est la tâche même de l'art : [...] arracher le réa-

Maison en Roussillon, 1887. H/t 54 × 73. Paris, Orsay.

lisme aux apparences en le recréant ». Ou encore : « Les couleurs et les lignes dans un tableau ne sont pas la reproduction des couleurs et des lignes, toutes autres, qui sont dans la réalité. Elles ne sont que des signes conventionnels. » Les idées de Gauguin vont jouer un grand rôle dans la genèse de l'art de Maillol. Celui-ci applique dans sa peinture les leçons du maître de Pont-Aven. Il contracte la perspective, simplifie les formes, emploie une couleur mate avec une grande économie de moyens, découpe des profils sur des fonds lumineux.

Dépasser le réalisme sans cesser d'être concret, aller au-delà de la vraisemblance vont devenir les préoccupations de toute sa vie.

B. Premières tapisseries

Maillol découvre, grâce à Rippl-Rónai*, le groupe des Nabis* constitué par des peintres comme Pierre Bonnard*, Maurice Denis*, Kerr-Xavier Roussel, Paul Sérusier*, Jan Verkade, Édouard Vuillard*… Le groupe s'est constitué autour d'un tableau. Il s'agit d'un paysage peint par Sérusier sous la dictée de Gauguin : *Le Paysage au bois d'Amour* ou *Le Talisman* (Paris, Orsay). Tous ces artistes partagent un même goût pour les arts décoratifs, qu'ils ne jugent plus inférieurs à la peinture ou à la sculpture.

Dans la dernière décade du XIXe siècle, Maillol se tourne vers la tapisserie*. Il visite longuement le musée de Cluny et reste fasciné par la tenture de *La Dame à la licorne*. Il crée plusieurs cartons, s'initie à l'art du tissage et ouvre à Banyuls un atelier où il emploie plusieurs ouvrières. En 1896, il épouse l'une d'elles, Clotilde Narcisse. Amoureux de la matière, qui constitue à ses yeux la vérité de l'œuvre, il réintroduit l'emploi de pigments naturels comme la garance dont s'échappe un suc écarlate. Il dira de ses tapisseries que « c'est un art plus beau et plus significatif que la peinture ». Maillol rencontre avec les tapisseries un début de notoriété. La princesse Bibesco lui commande *Le Concert de femmes* et *Musique pour une princesse qui s'ennuie* (Copenhague, Museum für Kunst und Gewerbe). C'est à la même époque qu'il s'exerce à la taille directe sur des petits morceaux de bois fruitiers.

La Baigneuse (La Vague), 1896. Tapisserie au point réalisée pour la princesse Bibesco, 100 × 93. Paris, fondation Dina Vierny, musée Maillol.

C. Sculpter : du relief aux volumes pleins

Maillol s'initie à la sculpture par le relief*. Il sculpte sur bois*, en taille* directe, technique délicate dont il ignore presque tout. Les reliefs serviront de transition entre le travail de surface de la peinture ou de la tapisserie, et celui, en volumes, de la sculpture en ronde-bosse. La sculpture sur des bois durs est également l'apprentissage d'une nouvelle matière dont il exploite les « sollicitations » et les possibilités. « La matière est en contact avec la pensée par le seul intermédiaire de la main », disait-il. Naissent les premiers petits reliefs comme *La Femme à la mandoline* (1895), *La Vague** (1896) puis *La Source** (1898), inspirés par les thèmes des cartons de tapisseries, et qui révèlent à Maillol son don pour la sculpture. Ils sont encore empreints du souci de l'artiste pour les arts décoratifs. Ce sentiment évolue avec l'apparition du thème du nu qui amorce sa longue recherche sur le corps. « Lorsque j'ai exécuté ma première statuette en bois, […] je l'ai taillée en tâchant de reproduire le sentiment général que j'avais de la grâce de la femme ; […] je n'avais pas d'autre idée que de tailler dans le bois une jolie forme. Cela m'a donné la clé de ce que faisaient les Anciens. » Maillol s'emploie désormais a créer cette image « abstraite » de la nature dont

La Vague, 1896. Bronze 93 × 103. Paris, fondation Dina Vierny, musée Maillol.

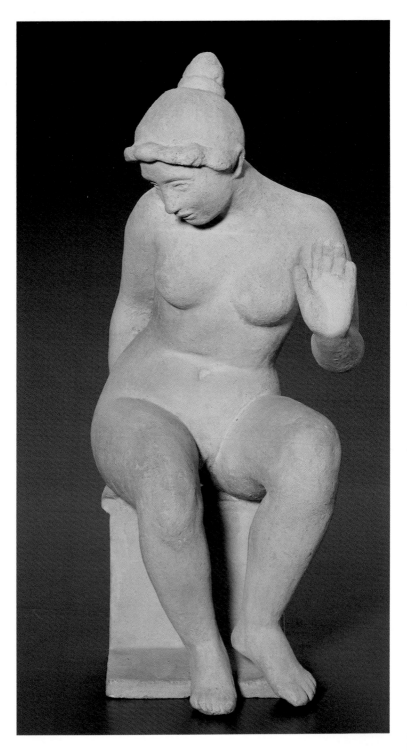

parlait Gauguin. Il confie : « Ce qui me plaît dans mes figures, c'est le sentiment que j'y ai mis quelque chose qui ne s'explique pas. »

À partir de 1903, Maillol délaisse complètement la tapisserie et, à la suite d'un problème de vue, ne se consacre plus qu'à la sculpture et à la peinture. Ses premières terres* cuites sont immédiatement remarquées. En 1902, le célèbre marchand Ambroise Vollard* organise une exposition de ses œuvres dans sa galerie, rue Lafitte : parmi les sculptures exposées se trouve *Léda** (1900) qu'acquiert l'écrivain et critique d'art Octave Mirbeau*.

Léda, v. 1900. Terre cuite, h. 27. Paris, fondation Dina Vierny, musée Maillol.

II. Magnifier le corps humain
A. L'architecture des formes

En 1903 Maillol rencontre son futur ami et mécène, le comte Kessler*, qui lui commande une pierre de *La Méditerranée** (1902-1905), puis le haut-relief du *Désir** (1904) et *Le Cycliste** (1907), deux rares représentations de nus masculins dans l'œuvre du sculpteur. En exposant *La Méditerranée* au Salon* d'automne de 1905, Maillol introduit une conception très neuve de la sculpture qu'il ne lie plus à l'expressivité du sujet mais à « la simple préoccupation des formes ». Cette conception massive, architecturale du corps est l'aboutissement des recherches de Maillol sur la nécessité de synthétiser les formes, question qui fait l'objet de longues discussions avec Maurice Denis, Matisse* ou Bonnard. « Je ne suis pas arrivé à cette idée de synthèse par le raisonnement mais par l'étude de la nature où j'ai puisé directement en suivant mon sentiment », affirme Maillol. Gide* écrit à propos de *La Méditerranée* : « Je constate que chaque fois jusqu'à présent qu'un sculpteur s'est écarté du canon grec, c'est que le besoin de caractère et d'expression l'y poussait. Ici point ; et c'est là ce qui plus tard semblera sans doute de capitale importance dans l'histoire de l'art : l'accord parfait du corps humain est obtenu par d'autres chiffres ; l'équation n'est plus la même et l'harmonie n'est pourtant pas rompue. »

Maillol veut conserver la figure humaine mais il n'astreint pas sa représentation du corps à une vaine recherche de beauté physique. Il ne veut pas faire une sculpture « réelle » mais, au-delà, une sculpture « vraie » qui traduise par l'harmonie des formes et la pureté des volumes les vérités éternelles de l'humanité. Il ressent une très vive admiration pour l'art des civilisations anciennes comme l'Égypte dont les statues hiératiques sont pour lui comme des « sculptures idées ». L'Extrême-Orient* et la sculpture khmère, en particulier, lui inspire cette sorte d'intériorité propre à son style.

La Méditerranée, 1923.
Marbre 110 × 117 × 68.
Paris, Orsay.

B. La recherche du monumental

En Juillet 1905, grâce à un comité animé par Octave Mirbeau, Maillol reçoit de Clémenceau sa première commande de monument. Il s'agit d'une sculpture à la mémoire d'Auguste Blanqui. Il choisit de représenter un nu féminin (*L'Action enchaînée**, 1905-1907). Par la suite, que ce soit pour commémorer le souvenir de Cézanne* (1912-1925), de Debussy* (1930) ou la gloire de Mermoz (*L'Air**, 1938), Maillol ne variera pas de thème. Il donne une nouvelle finalité à la sculpture en proposant, comme alternative à la tendance naturaliste du XIXᵉ siècle en matière de monument, une forme de beauté dépouillée de toutes anecdotes ou détails figuratifs. Son art va cependant heurter le goût des pouvoirs publics (voir Scandales) et il ne doit ses commandes qu'à la fidélité d'un groupe d'amis. Parmi eux, Gustave Geffroy ou Frantz Jourdain, fondateur et président du Salon d'automne, qui animera de nombreux comités pour obtenir des commandes à Maillol. Avant-guerre, l'art de Maillol est davantage apprécié des collectionneurs, tel le Russe Morosov*, qui acquiert sa *Pomone** (1910) et lui commande le groupe des *Saisons* (1910-1911). En donnant une dimension monumentale au corps, Maillol s'impose comme l'un des rares sculpteurs de plein air dont l'œuvre ait été pensé pour se mesurer à l'architecture ou à la nature. « Donnez moi un jardin, je le peuplerai de statues », avait-il dit à Octave Mirbeau. Il garde de Rodin l'idée du socle bas et veut que la sculpture reste à la hauteur du regard. Mais c'est l'idée de bâtir le corps comme une architecture qui lui permet, quelle que soit l'échelle, de préserver l'harmonie des proportions. Chacune de ses sculptures passent par l'état du dessin* avant de devenir soit une statuette, soit une œuvre

L'Action enchaînée (Monument à Auguste Blanqui), 1905. Terre photographiée par Octave Mirbeau dans l'atelier de Maillol.

plus grande que nature. Il a également longuement observé les statues qui ornent les jardins de Versailles et la manière d'inscrire la sculpture dans un paysage.

C. Maillol moderne

Avec *La Méditerranée*, Maillol a imposé sa vision de la sculpture et ouvert une voie nouvelle à cet art en préférant l'invention des formes à l'expression du sujet. Cette vision épurée du corps, où l'ensemble domine le particulier, voit le jour à une époque où s'expérimente en sculpture d'autres tendances comme la mise à nu de l'intériorité par Gargallo ou Gonzales, la déconstruction de la figure chez Picasso (voir Cubisme), l'idée du mouvement* avec Raymond Duchamp-Villon.

Avec ses figures de *Baigneuses* (1921) aux gestes souverains, Maillol introduit une conception tout à fait moderne, qui élève la beauté au-dessus de la réalité. « L'art est une abstraction* ; tirez-la de la nature en rêvant devant et pensez plus à la création qu'au résultat », disait Gauguin. En affranchissant ses œuvres de toutes nécessités descriptives, illusionnistes ou allégoriques, Maillol poursuit ce but fixé par Gauguin. Son art est en complète rupture avec celui de Rodin* et la sculpture impressionniste. Il invente des formes pleines, aux contours simplifiés. Il préfère l'immobilité au mouvement, le volume à l'expression, l'intériorité à l'éloquence. Pendant l'entre-deux-guerres*, les envois de Maillol au Salon demeurent des événements. *La Vénus au collier* (1928), *Les Trois Nymphes* (1930) ou *Pomone aux bras tombants* (1937) marqueront l'époque. Son art a une influence sur les plus importants créateurs de son temps. Raymond Duchamp-Villon s'inspirera de cer-

taines de ses œuvres, Brancusi s'appuiera sur sa conception de la simplification des formes, Laurens, Germaine Richier, Marino Marini y puiseront une nouvelle conception du corps.

III. « Ce sont des idées que je cherche »
A. La permanence du féminin

Décliner toute une œuvre sur un thème essentiel est une chose assez rare dans l'histoire de l'art. L'originalité de la sculpture de Maillol est d'avoir pu trouver dans l'idée du nu* féminin tout le vocabulaire nécessaire à fonder une esthétique de la figure humaine. Si sensible

Maillol travaillant à l'*Harmonie*, Banyuls, 1943. Photographie de Karquel.

MAILLOL RACONTÉ

Harmonie
(détail),
1940-1944.
Paris,
fondation
Dina Vierny,
musée Maillol.

qu'il soit aux arts primitifs*, comme son ami Gauguin, Maillol demeure attaché aux valeurs de la tradition occidentale, plus proche de la démarche d'un Phidias et de l'archaïsme grec que de la sculpture africaine. Il cherche à définir des types universels. Les visages sculptés antérieurs au Vᵉ siècle sont immobiles. « La fascination qu'ils exercent sur nous tenant sans doute à cette immobilité », dit François Châtelet. Maillol ne copie pas les Grecs mais partage leur conception de la beauté et ce recours à la fixité. « Je ne pense pas à l'Antique, je ne pense qu'à moi », dira-t-il. Il cherche dans le nu une expression à sa conception rigoureuse des formes mais jamais il n'oublie la sensualité du corps, la grâce dans l'attitude, le naturel dans le geste.

Très tôt, dans la sculpture de Maillol, se dégage un type féminin bien spécifique. Entre la terribilita du *Monument à Blanqui* et l'extrême douceur de son ultime statue, *Harmonie*,* Maillol a imaginé une infinie variation autour d'un corps lisse, sans les saillies ni les creux si chers à Rodin, une beauté presque abstraite à force d'être simplifiée. « Copier des nus, ce n'est rien. Reproduire une femme nue, ce n'est pas faire une statue. [...] Ce sont des idées que je cherche », dit-il.

Ainsi, Maillol s'inspire de ses modèles, son épouse Clotilde Narcisse*, ou Dina Vierny*, mais ne copie pas d'après nature. Il tentera inlassablement de faire de la sculpture « cette chose vivante et pourtant immatérielle », de donner une forme à ce qui est sans forme et de chercher les vérités sous-jacentes de la vie.

B. Figurer la mort

L'une des caractéristiques de la sculpture du XIXᵉ siècle en matière de monument fut de privilégier l'explication symbolique*, d'insister sur les détails anecdotiques qui soulignaient la signification et la portée de la sculpture. Pour ses figures, Maillol est à la recherche d'attitudes qui puissent à la fois contenir tous les symboles sans nécessairement les représenter. Quelle que soit la finalité des commandes – monuments* aux morts (*La Douleur*, 1921, ou la *Pomone* d'Elne, vers 1925), hommage à un grand homme (*La Rivière** du *Monument à Henri Barbusse*, 1938-1943) – jamais Maillol ne variera d'idée. Il peut tout signifier par le corps. Le *Monument à Cézanne* par son absolu dépouillement est en soi un hommage au peintre de la montagne Sainte-Victoire sensuel et vigoureux à la fois, sensible comme Maillol à la plénitude des formes autant qu'à leur architecture. Maillol aura la lourde tâche de trouver une image de la mort pour témoigner du sacrifice de toute la génération tombée durant la Première Guerre* mondiale. « On peut exprimer la douleur par des traits immobiles mais non par un visage crispé et une bouche distendue », confie le sculpteur à sa biographe, Judith Cladel*. Ses œuvres n'ont pas de visage défini, Maillol néglige le portrait puisque seule l'idée générale l'intéresse. Il garde de Michel-Ange cette volonté d'atteindre une échelle monumentale, une transcendance du geste*. On peut ainsi rapprocher le *Monument aux morts de Port-Vendres* (1923) de *L'Aurore* du tombeau des Médicis. Maillol honore son village natal de Banyuls-sur-Mer d'un haut-relief qui va influencer par son style l'art commémoratif. Tout y est simplifié, dépouillé, presque géométrisé. C'est en refusant le pathétique (voir Statuomanie) et l'expression que Maillol a révolutionné le champ de la sculpture.

C. Allégories de chair

On retrouve dans la sculpture de Maillol cette référence à certains grands thèmes de la mythologie qui est d'ailleurs partagée par de nombreux artistes au lendemain de la guerre de 1914. La résurrection de l'idéal et des mythes méditerranéens se retrouve chez Picasso, De Chirico ou Bourdelle. Maillol n'a recours aux mythes – qu'il s'agisse de ceux de *Léda,* des *Trois Nymphes*, de *Pomone* ou de *Vénus* – qu'en référence à cet art archaïque qui voit dans la statue *Edos,* le siège du divin. « Je tend à dire ce qui n'est pas palpable, ce qui ne se touche pas. » L'œuvre de Maillol n'utilise la mythologie que comme prétexte et non comme finalité de la sculpture. Elle doit avant tout être un pur registre de formes et non l'illustration d'un récit, fût-il mythique. Même lorsque Maillol reçoit la commande précise d'un thème allégorique comme celui des *Quatre Saisons,* il ne fera que suivre son inspiration et chercher à donner une forme sensible à ses idées. Il dit de la *Vénus de Milo* : « Il y a là un mystère : les bras devaient avoir un geste explicatif, anecdotique, tandis que dans l'état où elle est, c'est la beauté pure. » Il en va de même des sculptures de Maillol, elles renvoient à des mythes éternels de l'art occidental pour mieux incarner un absolu de la beauté. Il n'est besoin pour s'en convaincre que de se promener dans les jardins des Tuileries*, où se trouve rassemblé l'ensemble de son œuvre monumental.

Pomone, 1910.
Bronze,
h. 164.
Paris, jardins
des Tuileries.

BERTRAND LORQUIN

▪ ABSTRACTION
La perte du sujet ?

Avec d'autres, Maillol ouvre au début du XXe siècle la voie à l'abstraction en se libérant de la tradition descriptive. Mais, à la différence de Rodin*, qui commence à déconstruire les formes pour mieux exprimer les passions humaines, Maillol ne fait pas une sculpture psychologique ou littéraire : il abolit le mouvement* et simplifie les formes à la recherche d'une nouvelle conception sculpturale du volume qui trouverait en lui-même sa propre justification, au-delà du sujet. Il en résulte une harmonie absolue de l'objet, tout en soulignant la part d'éternité à l'œuvre dans chaque corps. La primauté qu'il donne à la composition des volumes dans l'espace rejoint donc certaines préoccupations de l'art abstrait qui naît dans les années 1910. Les recherches d'un Raymond Duchamp-Villon (*Le Grand Cheval,* 1914)

ou du futuriste Giacomo Balla (*Lignes de forces du poing de Boccioni II,* 1916) tendent également vers une expression de la forme elle-même et par là se rapprochent des recherches de Maillol.

Au même moment, le cubisme* (Picasso, Henri Laurens) met en œuvre des principes expressifs libérés de tout simulacre illusionniste. Enfin, des artistes comme Brancusi (*Princesse X,* 1916) se laissent emporter par le travail de la matière jusqu'à en effacer le sujet qui en était le prétexte. Mais il n'y aura de véritables sculptures abstraites dans les années 1920 qu'à partir des expériences de Tatline, Gabo, Moholy-Nagy, etc. Après 1930, divers artistes, tels ceux du groupe Abstraction-Création ou Henry Moore en Angleterre, donnent de nouvelles directions à la sculpture non figurative. BL

▪ Action enchaînée (L')

C'est Octave Mirbeau* qui convainquit Clémenceau de confier à Maillol la réalisation de ce monument. Il est dédié à Auguste Blanqui (1805-1881), homme politique français qui passa une grande partie de sa vie en prison pour ses idées socialistes et son activisme révolutionnaire. « Comment voyez-vous le monument ? » demanda Clémenceau. Maillol répondit : « Je vois un beau nu de femme. » Il obtint la commande le 10 juillet 1905 et commença aussitôt une grande figure contorsionnée qui plut à Matisse*. Cette première terre se cassa. D'après son épouse, Clotilde Narcisse*, l'artiste sculpta alors en dix jours un grand torse (ill. p. 60) auquel il ajouta ensuite la tête et les jambes, ce qui donna la version sans bras. L'œuvre définitive, *L'Action enchaînée* avec les bras derrière le dos (1905), fut également réalisée en un temps record, mais Maillol, découragé, l'abandonna.

L'année suivante, il souffrit de dépression. Ce n'est qu'en 1907 qu'il se souvint qu'il devait livrer le « Blanqui » au fondeur. Il écrivit à Denis* : « Je vais commencer la statue de Blanqui, sans entrain, hélas. » Il tenta de créer une autre figure mais il y

Raymond Duchamp-Villon, *Le Grand Cheval,* 1914. Bronze, h. 44. Paris, Musée national d'Art moderne.

L'Action enchaînée (Monument à Auguste Blanqui), 1905. Bronze, h. 215,5. Coll. part.

L'Air, 1938.
Plomb
139 × 255.
Paris, jardins
des Tuileries.

renonça et en détruisit l'essai. Maillol reprit donc *L'Action enchaînée* de 1905, comme en témoigne une photographie prise par Mirbeau* dans l'atelier (ill. p. 19). Il datera d'ailleurs son monument de 1905.

Réalisé peu de temps après *La Méditerranée**, il en est presque l'antithèse, une des rares œuvres de Maillol en « mouvement » (voir Geste). Mais il s'agit d'un mouvement* arrêté, entravé par des liens invisibles. Les proportions massives qu'affectionne le sculpteur sont ici davantage investies de puissance que de sérénité, et donnent plus de force à la tension créée par la position du corps.

Le monument, livré à la ville natale de Blanqui, Puget-Théniers, ne sera jamais inauguré (voir Scandales). DV

Air (L')

En 1938 Maillol reçoit la commande d'un *Monument à la gloire des équipages, pionniers de la ligne France-Amérique du Sud,* destiné à Toulouse. Il l'exécute « en moins d'un mois », à Banyuls*. S'inspirant d'une esquisse sculptée datant du début du siècle, il procède, explique-t-il à John Rewald*, comme il avait l'habitude de le faire pour de petites figures ; il fait découper et il recompose différemment (voir Marcottage) un plâtre du *Monument à Cézanne**: « Le corps couché de profil a été tourné pour être vu de face, le bras replié a été détaché du corps, l'autre a également été fixé différemment à l'épaule et il a pris ainsi une autre signification… » L'artiste obtient de cette façon une figure nouvelle qui, posée en équilibre sur

Couverture
du catalogue
d'exposition chez
MM. Bernheim
Jeune et fils,
avril 1900.

la hanche, semble dotée d'une légèreté aérienne et fait naître l'idée d'un avion, mieux que des attributs traditionnels.

À Toulouse la figure, en pierre, est supportée par une draperie en forme de vague, jugée inutile et donc supprimée lors de la fonte en bronze*. Exécutée par l'intermédiaire d'une mise aux points traditionnelle, cette pierre a été toutefois reprise entièrement par Maillol lui-même car il estimait qu'elle ne paraissait pas assez vigoureuse à la lumière méridionale. ALNR

OEuvres de Bonnard, Maurice Denis, Ibels, Aristide Maillol, Hermann Paul, Ranson, Roussel, Sérusier, Vallotton, Vuillard, exposées chez MM. Bernheim Jeune et fils, 8, rue Laffitte, du 2 au 22 avril 1900).

CATALOGUE

▨ Amitiés

Les liens d'amitié profonde qu'il forma avec de nombreux artistes de son temps comptèrent beaucoup dans la vie de Maillol ; solidaires à l'heure des vaches maigres – à leurs débuts, ils ne vendent pratiquement pas leurs œuvres –, s'aidant mutuellement dans leurs carrières, ils garderont toute leur vie le goût d'échanger leurs idées et de confronter leurs travaux.

C'est son camarade Daniel de Monfreid* qui, en 1894, présente Maillol à Paul Gauguin* avec lequel il se sentira de profondes affinités. La même année, rejoignant le groupe des Nabis*, il se lie avec plusieurs d'entre eux : Rippl-Rónai*, Maurice Denis*, Pierre Bonnard*, Édouard Vuillard* et Kerr-Xavier Roussel*.

Rippl-Rónai, qui l'avait introduit au sein du groupe, resta en contact épistolaire avec Maillol bien après son retour en Hongrie. Vuillard le présenta à Vollard* qui organisa la première exposition Maillol en 1902. Le peintre l'introduisit également auprès de la princesse Hélène Bibesco et de son beau-fils, le prince Antoine Bibesco, tous deux collectionneurs et qui

acquirent plusieurs œuvres de Maillol.

En 1905, Maurice Denis écrivit le premier texte important consacré à l'artiste. Cinq ans plus tard, il le présenta au collectionneur russe Morosov* qui commandera une série de quatre statues sur le thème des saisons (voir Pomone). Évoquant leurs relations, Denis parlera de « cinquante ans d'amitié sans un nuage ».

Cette étonnante et rare fraternité entre artistes ne peut être comparée qu'à celle que Balzac évoque dans l'*Histoire des Treize*. Parmi les amis de Maillol se trouvait aussi Henri Matisse*, qu'il avait rencontré en 1900. Le peintre séjourna non loin de Banyuls-sur-Mer* en 1904. Maillol aimait partager, même son modèle, et m'envoya poser chez Bonnard et Matisse, en 1941.

L'affection que Maillol nourrissait pour ses amis était à la fois ardente et juvénile. Ils s'étaient connus jeunes, disait-il, et leurs sentiments, basés sur une mutuelle estime, n'avaient pas vieilli. À la fin de sa vie, Maillol, lors d'une visite de Pierre Bonnard, lui demandait encore : « Bonnard, ai-je fait des progrès ? » DV

Maillol
dessinant une
feuille de figuier,
v. 1943.
Banyuls-sur-Mer.
Photographie de
Karquel.

■ Banyuls-sur-Mer

Dans les Pyrénées-Orientales, Banyuls est un petit village de pêcheurs mouillé par la mer Méditerranée. À la fin de l'autre siècle, on y cultive la vigne et l'olivier. C'est dans ce cadre que Maillol voit le jour en 1861. À l'âge de vingt ans, le jeune artiste quitte son pays natal pour aller à Paris mais jamais il ne rompra avec ses racines. C'est à Banyuls qu'il crée son atelier de tapisserie* dans les années 1890. Par la suite, il hérite de la maison de sa tante, vieille demeure nichée au sein du village qu'on appelle aujourd'hui encore la « maison rose ».
Durant toute sa vie, il se partage entre Marly-le-Roi, où il passe les étés dans une maison qu'il a construite de ses mains, et son village de Banyuls, où il réside en hiver. Ce paysage méditerranéen, qui ne semble pas avoir changé depuis l'Antiquité, sera pour lui une source infinie d'inspiration. « C'est le plus beau paysage du monde », répétait-il souvent. Il installe son atelier dans un vieux mas hors du village : c'est face au paysage grandiose des montagnes des Pyrénées qu'il médite sur son œuvre et travaille à ses grandes sculptures. L'ancienne maison, désormais restaurée, abrite un musée iconographique. C'est dans ce mas de la vallée de la Roume qu'il repose aujourd'hui : l'une de ses œuvres maîtresse, *La Méditerranée**, indique l'emplacement de sa tombe. BL

■ BAS-RELIEF
Refuser l'illusionnisme

Contrairement à la ronde-bosse*, le bas-relief est étroitement lié à l'architecture qu'il doit souligner tout en l'ornant, et il est fait pour être vu de face. L'exemple des frises du Parthénon, arrivées à Londres en 1816, avait appris aux sculpteurs à disposer des figures en faible saillie, de profil, sur un fond non décoré, la profondeur n'étant suggérée que par la superposition de silhouettes identiques. Cependant le bas-relief peut aussi rivaliser avec la peinture : comme Ghiberti au Baptistère de Florence, les artistes mettent alors toute leur habileté à tirer parti des différentes possibilités qui leur sont offertes, de la ronde-bosse à la gravure, pour creuser l'espace. Pour la *Porte de l'Enfer* (1880-v. 1895), ornée de scènes inspirées de *La Divine Comédie* de Dante, Auguste Rodin* abolit toute division à l'intérieur des vantaux, mais il fait contraster de fortes saillies et des creux profonds, d'une façon que lui-même condamnera dans la dernière partie de sa carrière. *Le Désir** de Maillol, *La Danse* de Joseph Bernard (1911-1912) et, surtout, les reliefs exécutés par Antoine Bourdelle* pour le théâtre des Champs-Élysées (1912) apparaissent comme une réaction contre ce type de relief qui détruit l'architecture au lieu de la renforcer. Comprise entre deux plans, celui qui constitue le fond de l'œuvre et un plan de surface auquel adhèrent au maximum les figures traitées en aplats, la composition se veut désormais simple et claire : aucun élément n'en dissimule un autre ; elle remplit tout l'espace dont elle dispose de façon à ce que, fût-il supprimé, le cadre se rétablisse de lui-même par la seule organisation des formes. ALNR

Émile-Antoine Bourdelle, bas-reliefs de la façade du théâtre des Champs-Élysées réalisés en 1912.

La Femme à la mandoline, 1895. Bois 24 × 22. Paris, fondation Dina Vierny, musée Maillol.

■ Bois (reliefs sur)

Les premières œuvres sculptées de Maillol datent des années 1895-1900. À cette époque, l'artiste a ouvert à Banyuls*, son village natal, un atelier de tapisserie*. Tout en dirigeant le travail de ses ouvrières, il décide d'utiliser des petits morceaux de bois fruitiers, tels le poirier et l'olivier, et s'exerce à reproduire certaines figures de ses cartons de tapisserie. Il s'agit dans un premier temps de la transposition d'un même sujet vers un autre support. Il réalise ainsi la *La Femme à la mandoline* (1895, musée Maillol) et *La Source** (1898). À quarante ans, Maillol découvre qu'il possède un don pour manier le ciseau et la gouge. Il utilise un cadre abstrait où il inscrit ses figures et utilise pleinement toutes les possibilités du bois, sa couleur, ses veinures, son grain. Il passe ensuite à la ronde-bosse* avec sa première *Baigneuse* (1899, musée Maillol). Mais, très rapidement, il abandonne la sculpture sur bois et va essentiellement développer une œuvre de modeleur. Dès ses premiers reliefs*, Maillol révèle d'emblée un style qui l'apparente aux sculptures sur bois de Gauguin* à la même époque. BL

■ Bonnard (Pierre)

« J'ai rencontré Maillol avec d'autres camarades, raconta Pierre Bonnard (1867-1947). Il

faisait des tapisseries d'harmonies très délicates ». Cette rencontre remontait probablement à 1895 lorsque Maillol se trouva pour la première fois en contact avec les Nabis* par l'intermédiaire de Rippl-Rónai*. Bonnard, qui avait une passion pour les arts décoratifs, comptait au nombre des premiers admirateurs des tapisseries* et broderies de Maillol. Celui-ci, quant à lui, admirait surtout chez Bonnard le coloriste, l'artiste qui avait su libérer la peinture de la tyrannie du dessin qui enferme la forme. « Ce sont des couleurs simplement. Et toutes font bien les

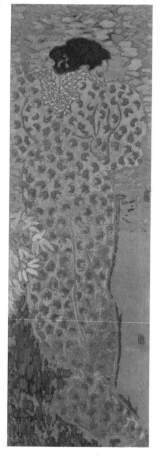

Pierre Bonnard, *Le Peignoir*, 1892. H/t 150 × 50. Paris, Orsay.

unes à côté des autres. Il ne cherche pas la forme. Il exprime tout par des taches colorées. C'est très fort. » À l'opposé, ce dernier s'attachait à traduire dans sa peinture la puissance de la forme. Cet antagonisme fondamental, qui laissait Bonnard muet devant les toiles de Maillol, n'entama jamais leur amitié*. Le peintre admirait beaucoup les sculptures de Maillol au point de les introduire au moins à deux reprises dans ses toiles. Maillol n'est probablement pas étranger aux premiers modelages de son cadet : des nymphes et des faunes pour un surtout de table coulé en bronze vers 1902 et qui évoquent les silhouettes de *Daphnis et Chloé* (ill. p. 63). Après un séjour à Banyuls*, pendant l'hiver 1906, Bonnard réalisa plusieurs statuettes, encouragé par l'exemple de Maillol. Après 1911, les relations entre les deux artistes s'espacèrent. IC

■ Bourdelle (Émile-Antoine)

Bourdelle (1861-1929) quitte Montauban, sa ville natale, en 1883 ou 1884 pour venir faire ses études à Paris. Il y fait bientôt la connaissance de Maillol par l'intermédiaire du peintre Achille Laugé. À cette époque, il a été admis dans l'atelier d'Alexandre Falguière, à l'école des Beaux-Arts, mais il échoue au concours de Rome en 1885 et il décide de faire carrière sans le secours des institutions officielles. Commence alors pour lui une période difficile, pendant laquelle il gagne péniblement sa vie, tout en essayant de se faire connaître.
C'est l'époque où il est proche de Maillol qui croit retrouver auprès de lui un peu de l'atmosphère méridionale de son

enfance : les parents de Bourdelle sont venus s'installer près de leur fils, et le père Bourdelle, menuisier de son état, monte de ses mains le berceau sculpté par Maillol pour Lucien, tandis que, selon Judith Cladel*, Maillol fait le portrait de son ami. Les deux artistes cesseront de se voir après 1900.

Feuillet d'une lettre de Maillol à Bourdelle, 1881. Paris, musée Bourdelle.

Bourdelle entre en 1893 dans l'atelier de Rodin*, comme praticien*. Tout en subissant profondément l'influence du maître, sa personnalité s'affirme, peu à peu, à travers une série de bustes d'inspiration symboliste. Il apparaît comme le dernier des grands romantiques avec le *Monument aux combattants et défenseurs du Tarn-et-Garonne* (1895-1902, Montauban), mais il apprend à contenir cette force et atteint, avec l'*Héraklès archer* qui le révèle au grand public en 1910, un équilibre parfait entre le dynamisme de l'action et le culte de la forme.
Ses anciens ateliers (au n° 18 de la rue Antoine-Bourdelle, à Paris), caractéristiques du quartier Montparnasse, ont été sauvegardés et transformés en musée Bourdelle, grâce à la ténacité de sa femme et de sa fille. ALNR

Breker (Arno)

C'est lors d'une exposition à Berlin, en 1928, que Maillol rencontre le sculpteur Arno Breker (né en 1900). Celui-ci, à l'époque, s'inspire de Rodin*. Il habite le plus souvent à Montparnasse où, comme beaucoup de jeunes artistes, il tire le diable par la queue.

En 1936, Breker remporte en Allemagne un concours organisé en vue des Jeux olympiques. Son style a changé ; sa sculpture néoclassique séduit Hitler qui l'instituera premier sculpteur du IIIe Reich, le couvrira d'honneurs et fera sa fortune.

En 1942, Maillol est invité à l'exposition de ses œuvres à l'Orangerie. Il hésite à s'y rendre, mais c'est l'occasion de franchir la ligne de démarcation avec un laissez-passer : le sculpteur a surtout envie de revoir son atelier à Marly. L'accompagnateur mis à sa disposition, Gérard Heller, écrira : « Il avait accepté de venir sans trop réfléchir à la compromission que représentait sa participation à cette manifestation. »

Pendant l'occupation, Breker ne désavoue pas son amitié pour les artistes français. Il fait venir dans son atelier allemand les meilleurs ouvriers fondeurs de Paris, leur évitant ainsi le Service de travail obligatoire. En 1943, prévenu par Maillol de mon arrestation pour fait de Résistance, il parvient à me faire sortir de la prison de Fresnes. Breker, qui a fait tant de bien, a néanmoins commis deux infamies. Il abusa les peintres français qu'il invita en Allemagne en leur faisant croire que chacun d'eux serait le libérateur de deux cents prisonniers de guerre. La plupart de ces artistes étaient incapables de mesurer la portée politique de ce voyage. Derain,

Arno Breker, *Le Héros*. Sculpture exposée à l'Orangerie en 1942.

plus tard, dira à Crespelle : « On s'est pas méfiés, Breker était un copain de Despiau. »

Enfin, il inventa une commande faite en 1943 à Maillol, pour une fontaine à Grünewald. Pourquoi avoir inventé une telle énormité ? Peut-être qu'à travers Maillol, alors le plus célèbre sculpteur français, c'est l'art statuaire tout entier que Breker tenta d'associer aux travaux du IIIe Reich. Comme aurait dit Tristan Bernard : « Dommage. » DV

« *Je m'amuse, rien n'est éternel. Quelle manie ont les gens de se croire des héros ! Tout ce que j'ai fait, tapisserie, céramique, gravure, je l'ai fait parce que cela m'amusait. L'art n'a pas pour moi le sérieux, cette importance terrible qu'il a pour les membres de l'Institut. Si on rate une œuvre, on ne se tue pas, on en refait une autre.* »

Maillol d'après Judith Cladel, 1937.

■ BRONZE
Vraies fontes et faux Maillol

Maillol s'est intéressé au bronze au point de travailler tous les jours dans la fonderie Bingen et Costenoble en 1905. Il y apprendra tous les procédés concernant cet alliage. Le bronze devient sa passion, sa hantise. Il veut arriver techniquement à la perfection atteinte par les artistes de la Renaissance. Il travaille avec le plus grand fondeur de son temps et se montre très exigeant : tout ouvrage imparfait est rejeté au creuset. Il cisèle et patine lui-même ses œuvres.

À ses débuts, il avait rencontré Vollard*, qui organisa la première exposition de ses statuettes en 1902. Le sculpteur débutant, pauvre et crédule, avait vendu quelques-uns de ses sujets au marchand qui les avait édités en bronze. Maillol le regrettera toute sa vie. Au début l'artiste vérifia et cisela certaines des pièces ; mais, le succès aidant, l'édition fut exécutée loin de ses yeux et échappa à son contrôle. Vollard reproduisit à bon marché, chez des artisans qui ne signaient pas. Ces fontes lourdes et rudimentaires firent dire à Kessler* : « Ce sont des caricatures. » Qu'aurait-il dit s'il avait vu celles éditées après la mort du marchand par son frère Lucien ? Ces bronzes, coulés en nombre illimité, perdirent des membres en cours de route. Aujourd'hui ils

Jeune Fille agenouillée, 1900. Bronze, h. 20. Paris, Orsay.

ne peuvent plus prétendre être des œuvres originales.
En réaction à Vollard, Maillol souhaite donc, dès 1905, donner une édition limitée et numérotée de ses statuettes, ce qu'il fera avec Madame Druet ; ainsi naît l'« édition Maillol », qu'il exécutera ensuite seul, réussissant à produire des bronzes d'une qualité rare. DV

La Montagne,
1937, (détail).
Plomb.
Paris, jardins
des Tuileries.

▉ Cassou (Jean)

L'écrivain et critique d'art, Jean Cassou (1897-1986), qui fut aussi conservateur en chef du Musée national d'Art moderne à Paris, de 1945 à 1965, avait une passion pour Maillol. Il admirait la plénitude des formes de ses sculptures, leur universalité. « Une seule idée, un seul objet, un seul champ d'inspiration, d'étude et d'expérience ont occupé le génie de Maillol : le corps de la femme », écrivait-il dans la préface du catalogue de la rétrospective de son œuvre, qu'il organisa en 1961 au Musée national d'Art moderne. « En lui sont toutes les mesures et tous les rapports capables de déterminer une harmonie ; en lui sont tous les gestes, toutes les modifications d'espace, toutes les modulations d'une surface, tous les jeux d'ombre et de lumière qui peuvent communiquer au contemplateur le sentiment de vivre et de vivre dans la vie universelle. » En 1934, Le directeur des Beaux-Arts, Georges Huisman, avait encouragé Jean Cassou à visiter Maillol à Banyuls* afin de faire reconnaître son art par les pouvoirs officiels qui l'ignoraient encore. Cassou fut à l'origine de la commande par l'État de *La Montagne* (1937), destinée au Musée national d'Art moderne. IC

Jean Cassou,
1954.

■ Céramique

La céramique est une terre émaillée, estampée ou coulée. Chez Maillol la céramique, qui est vernissée, est un objet unique, d'autant plus que le décor est fait à la main par l'artiste. Il utilise cette technique de 1896 à 1899.

La terre vernissée, matériau très fragile, peut facilement se casser, et beaucoup de céramiques réalisées par Maillol n'ont pas survécu. Ainsi, une céramique de grand format, exécutée au siècle dernier d'après le modèle en plâtre de *La Femme assise* ou *La Vague** (1896), a été détruite. Le plâtre de cette œuvre, provenant de la collection Moreau-Nelaton, se trouve aujourd'hui au musée d'Orsay. La fontaine en terre vernissée ayant appartenu à la princesse Bibesco a également été détruite. Il n'en subsiste que le couvercle.

Les terres vernissées de Maillol qui ont survécu sont : un grand relief* commandé par le sénateur Pams ; trois fontaines, celle du comte Harry Kessler*, celle d'Auguste Renoir* et celle de Maillol ; des lampes ; un vase intact ainsi qu'un vase abîmé ; et un petit relief représentant une femme assise.

Toutes ces pièces se trouvent aujourd'hui au musée Maillol, à Paris. DV

La Femme assise ou *La Vague*, 1896. Plâtre 93 × 103 × 25. Paris, Orsay.

■ CÉZANNE

Les figures qui font scandale sont souvent celles qui marquent leur époque. Après *La Danse* de Jean-Baptiste Carpeaux (1869), c'est le cas du *Monument à Paul Cézanne* de Maillol. En 1912, grâce à l'initiative de Frantz Jourdain, président à la fois du Syndicat de la presse artistique et du Salon* d'automne, les amis de l'artiste constituent un comité pour lui commander une figure monumentale, un « hommage à Paul Cézanne » qui doit être offert à la ville natale du peintre, Aix-en-Provence. Aidé par la galerie Bernheim-Jeune, le comité réunit quelque argent, mais Aix refuse le projet. Maillol termine cependant la figure dans laquelle, fidèle aux conceptions affirmées pour le *Monument à Blanqui* (voir *Action enchaînée),* et comme Rodin* avait pu lui en donner l'exemple avec *La Muse* (1905-1909, musée Rodin) destinée au *Monument à Whistler* (non réalisé), il remplace le portrait par une figure allégorique : une nymphe dont la position allongée s'impose toute de suite à lui, tandis qu'il en étudie à travers de multiples esquisses sculptées le mouvement exact des jambes, le geste, le drapé. « Je commence toujours par l'ensemble. Au début mon idée est vague. C'est à force d'y travailler qu'elle devient visible... Je m'efforce de rester dans les données les plus simples, comme lignes et comme plans. Ce n'est pas facile ; la nature est mobile et changeante. » Aussi garde-t-il toujours une distance par rapport au modèle : il ne cherche

Monument à Paul Cézanne,
1912-1925.
Plomb, 145 × 222.
Coll. part.

A. MAILLOL

pas tant à donner l'illusion de la vie, qu'à transmettre une idée. Les qualités de force, de clarté et d'équilibre* de sa grande nymphe expriment celles du peintre qu'il considérait comme le « génie de la peinture moderne », auquel elle tend une palme. Mais « il est plus facile de faire des statues que de les placer », dit-il encore, et c'est seulement en 1929, grâce au président Édouard Herriot, que la figure est érigée aux Tuileries*. Elle en est retirée en 1963, de même que La Méditerranée* en marbre qui y avait été placée elle aussi. Mises à l'abri au Musée national d'Art moderne, toutes deux sont ensuite transférées au musée d'Orsay tandis que les fontes (voir Bronze) qui les remplacent dans les jardins des Tuileries sont à l'origine de l'ensemble Maillol.

La nymphe du Monument à Cézanne a donné naissance au Monument* aux morts de Port-Vendres et à L'Air*. ALNR

Portrait de Melle Farrail, (détail), 1890. Paris, fondation Dina Vierny, musée Maillol.

Cladel (Judith)

Fille du romancier naturaliste Léon Cladel, Judith Cladel (1873-1958) a grandi dans un milieu artistique et littéraire. Au nombre des amis de son père se trouvaient Manet, Verlaine, Sisley, Desboutin, Bracquemond et Zola. Elle se consacra à son tour aux lettres et au journalisme, remportant un grand succès avec une biographie de Rodin* parue en 1936. En exergue de cet ouvrage, une phrase de Baudelaire – « Il n'y a pas de souvenirs superflus quand on a à peindre la vie de certains hommes » – nous éclaire sur la démarche de la biographe. Elle entama la rédaction de ce livre alors qu'elle connaissait Rodin depuis vingt ans, apportant ainsi un témoignage direct sur certaines parties de sa vie qu'elle complétait par de la documentation et des confidences de personnes qui le connaissaient. Un an plus tard, paraissait chez le même éditeur une importante biographie de Maillol, constituée pour l'essentiel de conversations qu'elle avait eues avec l'artiste. Le ton vivant de ces entretiens et l'enquête minutieuse menée par l'auteur à travers la mémoire de l'artiste font de cette biographie l'un des meilleurs témoignages de la vie, de l'œuvre et des idées de Maillol. L'analyse de Judith Cladel met en valeur la simplicité et la tranquillité de la sculpture de Maillol, qui s'oppose à la constante agitation et aux recherches impétueuses menées par Rodin jusqu'à la fin de sa vie. IC

■ CLASSICISME
Un art de synthèse

La sculpture de Maillol est à la fois inscrite dans une longue tradition et en rupture avec elle. D'où les jugements contradictoires voire paradoxaux de ses contemporains, comme Marc Lafargue qui le met à l'origine du « classicisme moderne », ou Maurice Denis* qui reconnaît à *La Méditerranée** une beauté « synthétiste » en accord avec l'idéal symboliste*… Maillol admirait aussi bien l'art primitif d'Olympie (voir Grèce), les Égyptiens, la sculpture khmère, l'art nègre ou Michel-Ange. Il a voulu maintenir une image cohérente du corps au moment où l'art moderne déconstruisait son image. Sa sculpture est bâtie comme une architecture : elle possède en cela la rigueur et les qualités du classicisme français, notamment des sculptures du XVIIe siècle. « Je cherche l'architecture et les volumes. La sculpture c'est de l'architecture, l'équilibre* des masses, une composition avec du goût. Cet aspect architectural est assez difficile à obtenir, je tâche de l'obtenir comme l'a fait Polyclète. Je pars toujours d'une figure géométrique : carré, losange, triangle parce que ce sont des figures qui se tiennent le mieux dans l'espace. »

Commerce

Très pauvre à ses débuts, Maillol s'enrichit considérablement avec ses bronzes* et ses terres* cuites. Il cédait moins volontiers ses dessins* qu'il préférait garder pour les consulter. Il édita un grand nombre de bronzes qu'il vendit lui-même, ou par l'intermédiaire de marchands ou du comte Kessler*, son mécène, aux musées et aux collectionneurs. Maillol eut quarante ans de gloire de son vivant et plusieurs marchands : à Paris, les principaux furent Vollard*, à ses débuts, puis Madame Druet, Bernheim-Jeune, Hessel et Louis Carré ; l'artiste travailla également en Allemagne avec Flechtein, à New York avec Brummer, en 1933, puis avec Kurt Valentin, en 1936.

En 1929-1930, ses bronzes grandeur nature se négociaient cent mille francs pièce. Maillol en vendit dix exemplaires de sa *Vénus* et constitua ainsi son premier million. N'ayant jamais été un artiste officiel, il ne reçut que tardivement des commandes de l'État. Les pierres et les marbres, vu l'insuffisance des sommes allouées et le coût très lourd des praticiens* qui les taillaient, ne l'enrichirent pas. Seule sa dernière pierre, *L'Air*, fut convenablement payée.

En dehors de sa table, qui était réputée, Maillol, en passant de la misère à l'opulence, ne changea rien à sa manière, très modeste, de vivre. Il se consacrait uniquement à son travail.

Économe, comme un paysan, il essayait presque toujours de faire régler les bronzes, directement par ses marchands au fondeur. Il était par contre généreux envers les artistes déshérités, qu'il aidait, parfois de façon anonyme ; quand il le faisait personnellement, c'était avec tact, prenant soin de ne pas les froisser.

Maillol n'était pas intéressé par l'argent et aurait pu en amasser bien davantage, vu sa notoriété. En vieillissant, il s'en désintéressa même totalement, allant jusqu'à confier ses intérêts à son fils Lucien. Au soir de sa vie, le sculpteur se retira dans la montagne, où il vécut frugalement, tout en continuant à travailler. Il ne voulait plus entendre parler d'argent. DV

Aphrodite accroupie (détail), réplique romaine, IIIᵉ siècle av. J.-C. Paris, Louvre.

Mais, dans le même temps, l'art de Maillol libère l'œuvre de toute rhétorique (voir Rodin). Héritier des leçons de Gauguin*, il oriente l'art de la statuaire vers une synthèse des formes qui se détache de l'Antiquité classique (voir Abstraction). Il garde de la sculpture égyptienne l'idée de la frontalité, de l'art khmer la volonté d'une certaine fixité des formes qui offre une surface presque lisse. Maillol reconnaît dans certaines œuvres de l'art grec une parenté avec ses propres recherches : « C'est un art de synthèse, un art supérieur à ce travail de la chair que, nous modernes, nous cherchons. » BL

La Côte d'Azur,
1895.
H/t 96,5 × 105,5.
Paris, Petit Palais.

■ Côte d'Azur (La)

À la charnière de la fin de sa première période picturale et des recherches formelles du nu* qu'il mènera bientôt en sculpture, ce tableau est peut-être la plus symboliste de toutes les créations de Maillol. Si le paysage est encore influencé par Gauguin*, l'organisation de la composition prouve également l'intérêt qu'il a porté aux recherches de Seurat et qui n'avait été jusqu'ici que peu perceptible, sinon dans sa palette lumineuse et parfois sa touche divisée.

Le symbolisme*, qui s'épanouit dans l'art de la fin du siècle, est plus un état d'esprit qu'un style défini ; il permet à Maillol de renouer avec ses racines méditerranéennes.

Avec *La Côte d'Azur*, Maillol trouve d'instinct cette « Arcadie » qui baignera son œuvre ultérieure et que Matisse* retrouvera chez Paul Signac lors de son séjour tropézien, en 1904.

Dans cette œuvre, il faut remarquer que Maillol remplace la représentation de profil par celle de face ; et que cette formule du nu* vertical, entouré de voiles, connaîtra de multiples variations dans ses sculptures à venir. JLD

*La Couronne
de fleurs*, 1889.
H/t 130 × 161.
Collection
Josefowitz.

■ Couronne
de fleurs (La)

Ce vaste tableau de 1889-1893 est l'un des premiers dans lequel Maillol affirme toutes ses qualités de peintre et sa nouveauté. Son ami Daniel de Monfreid* vient de lui faire découvrir la peinture de Gauguin* au café Volpini, qui a exposé le « groupe impressionniste et synthétiste » dans l'enceinte de l'Exposition Universelle de 1889.

L'art de Gauguin révèle à Maillol des solutions plastiques issues de l'interprétation des estampes japonaises (voir Japonisme). Pour atteindre une meilleure correspondance entre l'idée et l'image, Gauguin épure les formes, maîtrise les rapports de couleurs. Le climat de mystère et de silence que celui-ci avait trouvé en Bretagne, Maillol le rencontre dans les Pyrénées-Orientales (voir Banyuls), mais dans une palette plus lumineuse et plus chaude. Ce tableau inaugure la série de portraits de profil de jeunes filles si typiques du premier Maillol peintre (voir p. 53). Les personnages y sont aussi statiques dans leur pose que ceux de *La Grande Jatte* de Seurat, mais l'ambiance est ici plus symboliste* : Maillol crée, par l'harmonie des couleurs et l'équilibre* des formes, une impression d'intemporalité qui caractérisera toute son œuvre. JLD

■ CUBISME
Construire, déconstruire

À l'origine du mouvement cubiste – qu'inaugurent *Les Demoiselles d'Avignon* (1907-1908) de Picasso et *Le Grand Nu* de Braque – se trouve aussi bien la sculpture nègre que l'exemple de Cézanne, qui refuse l'espace traditionnel et le point de vue unique.

Autant d'influences qui conduiront les cubistes à rechercher la fusion de la masse dans l'espace par le contre-relief, et à géométriser les formes. Ainsi il y aurait beaucoup d'analogies à signaler entre les figures de Maillol et celles de Picasso, les premiers Laurens aux volumes pulvérisés et les Duchamp-Villon…

Dans le contexte du cubisme synthétique, Picasso invente « l'assemblage », une sculpture constituée de matériaux hétérogènes, où le vide devient une dimension constitutive. *La Guitare* (1912) demeure l'objet fondateur qui ouvre un nouveau chapitre de l'histoire de la sculpture : celui de la « construction ». Les sculptures surréalistes réalisées après 1930 par Picasso, Laurens, Lipchitz ou Zadkine, feront à nouveau référence aux recherches de Maillol, notamment celle de la forme tendue. JLD

Henri Laurens, *Femme accroupie (Cariatide assise)*, 1930. Bronze, 92 × 44 × 53. Paris, Musée national d'Art moderne.

■ Cycliste (Le)

Avec *Le Cycliste*, Maillol s'essaie à une exceptionnelle figure masculine. Cette demi-nature commandée par Harry Kessler* fut réalisée en 1907 d'après Gaston Colin, un ami du comte. Elle est l'une des rares œuvres de l'artiste à avoir été exécutée directement devant le modèle, comme l'attestent des photographies prises lors des séances de pose. On a pu y voir un hommage implicite à Rodin*, *Le Cycliste* au « charme donatellesque » étant bien plus proche, par son modelé* détaillé et précis, des bronzes de la Renaissance et surtout de *L'Âge d'airain*, que des *Baigneuses* habituelles de Maillol. Rodin avait d'ailleurs espéré qu'il pourrait être présenté au Salon* de la Société nationale qui se tenait au printemps de 1909, mais le premier bronze*, fondu au début de l'année par Bingen et Costenoble alors que Maillol était à Banyuls*, fut prêt seulement pour le Salon* d'automne. C'était l'exemplaire destiné au comte Kessler, aujourd'hui conservé au Kunstmuseum de Bâle.

Le bronze du musée d'Orsay est quant à lui la première œuvre de Maillol à être entrée, en 1923, au musée du Luxembourg, alors musée d'art contemporain. ALNR

Le Cycliste, 1907. Bronze, h. 98,5. Paris, fondation Dina Vierny, musée Maillol.

*Monument
à Debussy*, 1930.
Bronze, h. 92.
Paris, fondation
Dina Vierny,
musée Maillol.

■ Debussy
(Monument à)

La muse du *Monument à
Claude Debussy*, commandé en
1930 et inauguré en 1933 à
Saint-Germain-en-Laye, constitue un hommage discret au
compositeur dont l'opéra *Pel-
léas et Mélisande* (1902), sur un
livret de Maurice Maeterlinck,
avait consacré la rencontre de la
poésie symboliste* et de la
musique. Debussy n'est évoqué
que par quelques mesures du
*Prélude à l'après-midi d'un
Faune* qui ornent la terrasse,
cependant la figure elle-même,
accroupie, une jambe repliée
sous elle, n'est qu'harmonie et
musicalité.
Si l'on peut y retrouver le souvenir des Vénus accroupies
antiques, elle constitue dans la
dernière partie de la carrière de
Maillol l'aboutissement d'une
attitude dont il a exploité toutes
les possibilités depuis les premières *Femmes accroupies* (vers
1900) qui préparent *La Méditerranée** jusqu'à différentes
Baigneuses, plus tardives. Repo-
sant tantôt sur la jambe gauche,
tantôt sur la jambe droite,
celles-ci varient en particulier
par le mouvement des bras qui,
souvent, tiennent une écharpe.
La terrasse qui se relève légère-
ment à l'arrière, les lignes
souples de la muse du *Monument à Debussy,* qui s'incline en
avant comme par révérence
envers le musicien, font sans
doute de celle-ci la plus élégante
de ces figures. ALNR

Denis (Maurice)

Théoricien du mouvement nabi*, le peintre Maurice Denis (1870-1943) a également laissé d'importants écrits dont la justesse d'analyse fait de lui une sorte d'« éclaireur » en matière d'art moderne. En 1890, il prône le retour à la synthèse de valeurs esthétiques traditionnelles, grecques, médiévales ou orientales, afin de combattre le naturalisme de ses contemporains basé sur l'expression de la sensation.

Ses premières rencontres avec Maillol furent plutôt orageuses. Les deux artistes s'étaient connus vers 1892, chez le peintre Henry Lerolle. Ce dernier avait commandé un plafond peint à Maillol mais, mécontent du résultat, il fit appel à Maurice Denis. Maillol pensa que c'était Denis qui avait désapprouvé son travail et leurs relations commencèrent par un froid. Mais à la colère succéda une admiration réciproque et bientôt une véritable amitié*, scellée par des échanges d'œuvres. La peinture du « Nabi aux belles icônes » trouva un écho immédiat chez Maillol qui s'intéressait à un art symbolique, décoratif et spirituel. « Telle de mes tapisseries* est un Maurice Denis traduit en laine », confia-t-il à Judith Cladel*. À plusieurs reprises, Denis introduisit des portraits déguisés de son ami dans ses toiles et Maillol réalisa un buste de Marthe Denis. Les deux artistes partageaient la même admiration pour une beauté féminine aux formes épanouies, aux courbes douces et tranquilles. Leur amitié trouva son couronnement en 1905, lorsque Denis publia un vibrant éloge de Maillol à l'occasion de l'exposition du plâtre de *La Méditerra*-

« Son art est essentiellement un art de synthèse. Sans y avoir été amené par nulle théorie, par quoi que ce soit d'autre que son propre instinct, il a pris part au mouvement néo-classique dont il faut chercher l'origine récente autour de Cézanne et de Gauguin. »

Maurice Denis, « Maillol », *L'Occident*, 1905.

*née** au Salon* d'automne. Il y analysait, avec subtilité, la simplicité et la beauté synthétique de cet art essentiellement classique* mais où l'émotion et même une certaine « gaucherie » volontaire n'étaient pas exclues. Ce juste équilibre entre la nature et le style original (utilisant la déformation) correspondait au classicisme moderne que Denis admirait aussi chez Cézanne. Denis retrouvait dans l'œuvre de Maillol un écho des Antiques et des primitifs italiens qu'il avait pu admirer au cours de ses voyages en Italie, notamment à Rome, en 1898, en compagnie de Gide*. IC

Maurice Denis,
Le Verger des Vierges, 1893.
H/t 105 × 103.
Coll. part.

■ DÉSIR

C'est en 1907 que Maillol expose pour la première fois le plâtre du *Désir*. Il s'agit d'un haut-relief qui sera par la suite édité en plomb. Le thème du *Désir* est assez inhabituel dans la sculpture de Maillol. Il s'agit d'une commande effectuée par le mécène de l'artiste, le comte Kessler*. Le sculpteur rêve de réaliser toute une série de hauts-reliefs prenant pour thème « l'homme et la femme ». Il n'exécute que cette version, agrandissement d'une esquisse de petite dimension. L'art de Maillol ne se veut pas l'image des passions humaines, et ne s'arrête pas à l'accident, au particulier. Aussi le relief du *Désir* apparaît-il à la fois comme la vision immuable de la sexualité et de l'attirance pulsionnelle entre les corps. Maillol développera cependant abondamment ce thème dans son œuvre de graveur*, notamment en illustrant *L'Art d'aimer* d'Ovide. La construction est rigoureuse et s'inscrit dans un carré parfait, reprenant l'ancienne loi romane du cadre. On retrouve dans cette conception architecturale de la composition, un parti pris géométrique qui impose un parfait parallélisme des plans. Maillol a peu représenté le corps masculin (voir *Le Cycliste*), préférant les infinies possibilités qu'offrent les courbes féminines à l'affleurement des muscles qui anime le jeune homme dans cette œuvre. Cette figure de la passion exprimée renvoie à la différence de conception entre Maillol et Rodin* : chez Maillol, le geste est en suspens, le désir montré mais non accompli. *Le Baiser* de Rodin, qui appartient au même thème de la passion amoureuse, lie au contraire les corps et privilégie l'expression. La douceur des formes chez Maillol est encore accentuée par l'emploi du plomb, matériau peu usité au XXᵉ siècle. Maillol dira de ce relief : « Le creux a plus de grandeur et de douceur [...]. Pourquoi, je n'en sais rien. Le pourquoi des choses ne m'intéresse pas. Il est utile à un savant, à un médecin pour découvrir les causes des maladies ; mais moi je ne perds pas mon temps à sonder l'inexplicable. » Cette sculpture eut beaucoup de retentissement et inspira Raymond Duchamp-Villon pour sa série des *Amants* (Musée national d'Art moderne). BL

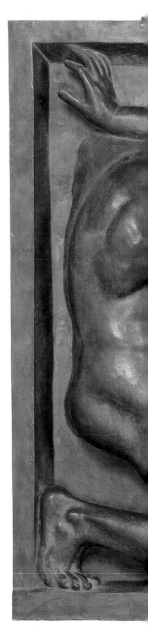

Le Désir, 1908.
Plomb, 120 × 115 × 25. Paris, Orsay.

Dina à la natte,
1932. Dessin.
Paris, fondation
Dina Vierny,
musée Maillol.

■ Dessins

Maillol n'a cessé de dessiner durant toute sa vie. « J'avais, j'ai toujours dans mes poches des carnets que j'emplis de croquis », confia-t-il à Judith Cladel*. Ces notes rapides mais aussi des dessins plus élaborés, réalisés d'après des modèles, lui servaient de point de départ pour ses sculptures. Maillol, en effet, ne modelait ni ne sculptait presque jamais directement devant le sujet.

Il avait besoin d'un intermédiaire entre la réalité qu'il observait et l'idée qu'il se faisait de sa statue. Le dessin jouait ce rôle. Sa formation* classique lui permettait de noter avec précision tous les détails qui l'intéressaient : le volume d'une cuisse, l'attache d'un sein, le mouvement d'un torse ou la lumière jouant sur le grain de la peau. « Chacun, disait l'artiste en parlant de ses dessins, présente une trouvaille parfois spontanée, parfois lente à venir. Un mouvement, une ligne, c'est souvent un éclair. Les dessins les fixent. »

À la fin de sa vie, Maillol réalisa des dessins de grand format au fusain, à la sanguine ou au pastel d'après Dina Vierny*, l'un de ses modèles favoris. Un certain nombre d'entre eux sont aujourd'hui exposés au musée Maillol. IC

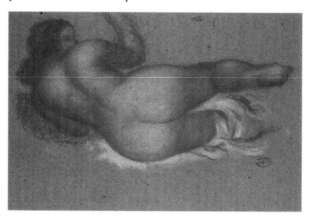

Nu de dos, 1940.
Pastel et sanguine,
21 × 33.
Paris, fondation
Dina Vierny,
musée Maillol.

■ Enfant couronné (L')

Ce portrait d'enfant de 1890 s'inscrit dans une série de peintures où Maillol choisit de représenter le visage de profil. Il existe une longue tradition de l'art du profil (voir p. 44), qui commence dans l'Antiquité et se perpétue avec les portraits médiévaux puis Renaissance et jusqu'aux silhouettes du XVIIIe siècle. Maillol dit des profils qu'ils sont « l'aboutissement des modelés intérieurs ».

Il se dégage de cette œuvre un sentiment de sérénité et de paix intérieure, un climat de résonance entre la figure et l'espace qui l'entoure. Maillol isole le sujet sur un fond d'une tonalité très lumineuse. Il utilise peu de teintes et sa palette se compose de couleurs claires. On sent tout à fait présent dans ce portrait les théories esthétiques du cloisonnisme (voir Gauguin) – zones de couleurs délimitées, refus de la perspective, emploi de la couleur pure en aplat et stylisation des formes – inspirées par les estampes japonaises (voir Japonisme). BL

L'Enfant couronné, 1890. H/t 47 × 40. Paris, fondation Dina Vierny, musée Maillol.

La Naissance de Vénus, plâtre original, 1918. Paris, fondation Dina Vierny, musée Maillol.

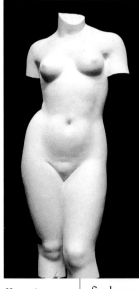

■ ENTRE-DEUX-GUERRES
« C'est Maillol qui occupe la première place »

Durant les vingt-deux ans qui séparent les deux guerres* mondiales , Maillol connaîtra une gloire universelle. Après la mort de Rodin*, en 1917, il est reconnu comme le plus grand sculpteur de son temps. En 1918, il crée *La Naissance de Vénus* qui deviendra, au fil des ans, la *Vénus*,* achevée en 1928. Cette même année, Bill Grohman écrit dans *Enquête sur la sculpture en Allemagne et en France* : « C'est Maillol qui occupe la première place, il jouit d'une considération sans limites, durant ces quelques années il a même dépassé Rodin dans l'esprit des amateurs d'art. »

En 1921, Maillol réalise *La Baigneuse à la draperie,* statue grandeur nature dont il a conçu plusieurs états. Outre la construction géométrique habituelle à toutes les œuvres de Maillol, elle présente un corps aux formes rondes et pleines. Elle obtient un énorme succès tant auprès du public que des critiques.

Maillol, artiste de plein air, rêve de statues monumentales. Il crée *La Montagne* en 1937, *L'Air*,* en 1938 ; *La Rivière*,* qu'il commence en 1938, sera terminée en 1943. Ces pièces maîtresses, coulées en plomb, sont maintenant dans les jardins des Tuileries*.

En 1939, Stanley Casson écrit : « C'est probablement Maillol qui est la figure la plus importante de la sculpture française. Il est encore actif et crée une sculpture aussi bonne que celle qu'il fit dans sa jeunesse. » Waldemar George dira plus tard : « Maillol est né et mort dans l'avant-garde », reconnaissant ainsi le caractère moderne de son œuvre. Lors de l'exposition des *Maîtres de l'art indépendant,* organisée au Petit Palais en 1937, seuls Maillol et son ami* Matisse* auront droit à une rétrospective. Les statues de Maillol occuperont trois salles. DV

Harmonie, premier état 1940. Plâtre, h. 120. Paris, fondation Dina Vierny, musée Maillol.

■ Équilibre

« Quand les nations vieillissent, l'art se complique et s'amollit. Nous devons essayer de redevenir jeunes, de travailler avec naïveté, c'est ce que je cherche. [...] Je travaille comme si rien n'existait, comme si je n'avais rien appris. Je suis le premier homme qui fait de la sculpture. » En disant ces mots Maillol affirme la nouveauté de son concept sculptural, ainsi que sa volonté de charger la statue d'une nouvelle présence à travers l'équilibre de son architecture.

Sa biographe Judith Cladel*, qui nous rapporte ce propos, décrit l'originalité de sa manière de faire : « La façon dont Maillol exécute une statue paraît singulière aux profanes et même aux artistes dépourvus de sa faculté généralisatrice. Son projet arrêté, il reste en face de la seule idée. Le modèle est congédié. Il l'a étudié en une série de grands dessins*, rigoureusement objectifs, auxquels il aura recours au moment où l'enchaînement des formes lui échappe. »

Cette distance prise par rapport au modèle permet à Maillol de faire triompher l'idée sur la représentation, l'harmonie de la construction sur le travail de la chair et la vibration du modelé* : il compose les masses de façon architecturale, déformant au besoin certains volumes pour atteindre à un équilibre parfait entre les parties. JLD

■ Ève à la pomme

Cette statue de 1899 est l'une des premières œuvres modelées* dans laquelle Maillol pressent son idéal sculptural. Les précédentes statuettes étaient inspirées par des sujets quotidiens ; femmes drapées dont les plis du vêtement, unis aux rythmes de la coiffure, lui permettaient de réaliser ce projet « décoratif » qu'il partageait avec les Nabis*. Il fallait qu'il ose déshabiller ces modernes tanagras et leur enlever tout geste* pour retrouver l'origine du nu* et sa signification.

Son mariage, en 1896, avec Clotilde Narcisse* a été décisif : « La jeune fille est pour moi la merveille du monde et une joie perpétuelle. Je me suis marié avec l'une d'elles qui avait cette grâce, cette douceur, cette gentillesse, et nous avons été très heureux. Ma femme m'a aidé, elle m'a permis de travailler. » Elle sera l'inspiratrice de ses premiers nus.

Mais c'est moins la description des formes précises de son modèle que l'idée d'une beauté immuable que Maillol recherche. Les formes et l'attitude de cette *Ève*, il ne les a pas copiées d'après nature, il les a trouvées en modelant. JLD

Ève à la pomme, 1899. Bronze, h. 58.
Paris, fondation Dina Vierny, musée Maillol.

■ FEMME À L'OMBRELLE

Ce tableau représentant une jeune femme brune, strictement vue de profil sur un paysage de bord de mer, témoigne du compromis entre poésie et réalité qui caractérise la peinture de Maillol. Des ateliers de Cabanel, Jean-Paul Laurens ou Gérôme, qu'il avait fréquentés dans sa jeunesse, l'artiste avait conservé le goût d'un métier ingresque, une peinture fine et un peu sèche. La découverte de Paul Gauguin*, de Puvis* de Chavannes et des Nabis* orienta définitivement sa peinture vers un art décoratif et symboliste*. Il adopta une palette claire, correspondant à l'intense luminosité du Midi, et une facture vibrante composée de petites touches posées côte à côte comme les points d'une broderie ou d'une tapisserie*. Beaucoup de ses portraits sont peints de profil, à la manière de Piero della Francesca (v. 1416-1492) ou de Pisanello (1395-v. 1451). Ils se détachent tantôt sur un fond indéterminé où domine la couleur jaune, tantôt sur un paysage ou un décor floral. Le paysage de La Femme à l'ombrelle est composé de bandes horizontales de couleurs qui figurent le sable, la mer, le ciel, et forment comme un écran en deux dimensions. Afin de créer un lien entre cet environnement et le sujet principal, Maillol fait coïncider le bord du chapeau de la jeune femme avec la ligne d'horizon. Le personnage paraît aussi statique que les éléments qui l'entourent ; seul le souffle d'un vent invisible est évoqué par l'envolée des rubans de la robe et le geste de la main retenant le chapeau de paille. Les courbes gracieuses du corps, le pied délicat, l'inclinaison de l'ombrelle suggèrent un pas glissé et silencieux à la manière des spectres des nô japonais (voir Japonisme). Mais toute idée morbide est ici écartée en raison de l'harmonie délicate et juvénile des couleurs. Le hiératisme de cette jeune femme donne au tableau une dimension irréelle, voire onirique, accentuée par l'absence de volume de la silhouette. Cette attitude retenue, presque distante, confère une part de mystère au personnage – Maillol cependant, n'a jamais cédé à la tentation d'un symbolisme littéraire ou trop éthéré. IC

Femme à l'ombrelle, v. 1900.
H/t 190 × 149.
Paris, Orsay.

Formation

Maillol, quand il arrive à Paris à l'âge de vingt ans, ne pense qu'à la peinture. Il s'inscrit à l'école des Beaux-Arts et débute dans la classe de dessin d'après l'antique dirigée par le peintre Gérôme. Il suit également le cours de Cabanel qui se montre bienveillant à son égard. Néanmoins, le jeune homme fréquente assidûment, à partir de 1883, l'école des Arts décoratifs où il travaille dans la section sculpture. C'est là qu'il va acquérir une solide expérience du modelage, technique où il se montre doué et qu'il va dominer rapidement. Répondant aux légendes qui attribuent à Bourdelle la formation du Maillol sculpteur, Matisse* rappelle que c'est à l'époque de son apprentissage que Maillol s'initie à la sculpture, même si son œuvre sculptée ne débutera que quinze ans plus tard.

L'artiste est profondément déçu par l'enseignement académique qu'il reçoit et il dira plus tard : « L'infortuné tombe à l'École comme dans un puits. Il n'y trouve pas la vérité, elle est justement dehors ! » BL

L'atelier de Maillol à Marly-le-Roi, 1936. Photographie de Brassaï.

■ FORMATS
Les étapes de la création

Maillol n'agrandissait jamais une statuette pour en faire une statue, ou, inversement, ne réduisait pas un grand format en un plus petit. L'artiste recommençait, ne consultant essentiellement que ses dessins. Le seul procédé de « reprise » auquel il recourait parfois était celui du marcottage*, et cela exclusivement pour ses œuvres monumentales.

Son concept architectural du corps lui imposait en effet de trouver pour chaque format les proportions rigoureusement justes. Ainsi les éditions en terre* cuite et en bronze* d'une même œuvre étaient réalisées à partir de plâtres distincts et de dimensions différentes.

Par contre, les dimensions des formats eux-mêmes étaient invariables : 12 à 37 cm de hauteur pour les statuettes de petit format (exceptées deux ou trois qui atteignaient une quarantaine de centimètres) ; 58 à 110 cm pour les demi-

natures ; 85 à 165 cm pour les torses ; 155 à 176 cm pour les statues grandeur nature ; et, enfin, 220 cm pour les sculptures monumentales. DV

Gauguin (Paul)

Maillol découvrit l'œuvre de Gauguin (1848-1903) en 1889, à l'occasion de « l'exposition du groupe impressionniste et synthétiste » qui se tenait au café Volpini, dans l'enceinte de l'Exposition Universelle. « La peinture de Gauguin fut pour moi une révélation, confia-t-il à son biographe John Rewald*, l'école des Beaux-Arts, au lieu de m'éclairer, m'avait voilé les yeux. Devant ses tableaux de Pont-Aven je sentais que je pourrais travailler dans cet esprit. »

À cette époque, Maillol, encore étudiant à l'école des Beaux-Arts, demeurait sous l'emprise d'un enseignement académique (voir Formation). Gauguin et ses émules lui révélèrent une nouvelle peinture d'une expression plus directe, au dessin simplifié, composée d'aplats de couleurs délimités par des cernes. Le concept de « cloison-

Paul Gauguin, *Ondine (Dans les vagues)*, 1889. H/t 92 × 71,5. Cleveland, The Museum of Art.

nisme » qu'Émile Bernard et Paul Gauguin élaborent à Pont-Aven en 1888, donnera bientôt naissance à celui de peinture « synthétiste » dont se réclamera le groupe des Nabis*.

La rencontre de Gauguin et de Maillol eut lieu au début de l'année 1894, par l'intermédiaire de Daniel de Monfreid*. En février 1894, Gauguin se rendit à Bruxelles pour participer à la première exposition de *La Libre Esthétique*. Maillol y exposait une broderie et une tapisserie* que Gauguin remarqua et signala dans un article paru dans *Les Essais d'art libre* : « Maillol expose une tapisserie qu'on ne saurait trop louer », écrivit-il. Il réitéra ses compliments l'année suivante, lorsqu'il admira une tapisserie de Maillol, « le plus bel objet d'art du Salon ».

Ces brèves rencontres entre les deux artistes firent naître chez Maillol un véritable culte pour Gauguin. « [Nous] parlions fréquemment de Gauguin, rapporte Rippl-Rónai* dans son *Journal* inédit. Maillol le portait aux nues. Le considérait comme le plus grand et c'est avec lui que les liens spirituels étaient les plus profonds. » Gauguin, plus réservé, n'en demeurait pas moins intéressé par cet artiste dont il recevait régulièrement des nouvelles par Daniel de Monfreid et qu'il considérait comme « une bonne âme » et « un artiste de valeur ».

Maillol se défendra toujours d'avoir été influencé par Gauguin dans sa sculpture mais Maurice Denis* releva, à juste titre, une certaine filiation entre leurs arts : « Quel enseignement pour ce Grec de la Belle Époque que les *xoanas* du maître de Pont-Aven ! » écrivit-il en 1903. IC

Torse de *L'Action enchaînée*, 1905. Bronze, h. 130. Paris, fondation Dina Vierny, musée Maillol.

■ Geste (la crise du)

Quel geste donner à ces héros modernes que sont l'artiste, le scientifique ou l'homme d'État et qui puisse synthétiser et expliciter son rôle ? Cette question, tous les sculpteurs du XIXe siècle se la posèrent.

Rodin* préféra l'expressivité du sculptural à la représentation illusionniste. Mais l'inadéquation entre la forme d'art qu'il élabore et la fonction qu'imposait le monument commémoratif (voir Statuomanie et monuments publics) fut prouvée par l'échec de ses *Bourgeois de Calais, Hugo* ou *Balzac*... L'évidence du sentiment individuel d'un artiste paraissait intolérable dans l'espace urbain ordonné par une société qui préférait le paraître à l'être et l'allégorie didactique à la présence artistique.

Maillol à son tour tenta d'imposer la « vraie sculpture »

dans l'espace public (ce sera chose faite à l'entre-deux-guerres*). Il n'eut d'autres sujets que la femme, mais elle lui permit de tout exprimer de *L'Action* *enchaînée* (Monument à Auguste Blanqui) à *La Rivière** qui eut comme premier argument un hommage à Henri Barbusse. Maillol conquiert l'espace visible par l'esprit dont il investit ses compositions. En réinventant la forme pure, il supprime le geste (voir Abstraction). Comme celles des Grecs* archaïques ou des primitifs*, ses figures n'ont besoin d'aucun attribut et d'aucun mouvement*. Le spectateur y découvre une unité, une fusion des parties qu'enveloppe la lumière, seul élément mobile et qui souligne l'intemporalité de ses œuvres. JLD

Gide (André)

À l'instar d'un Proust, Gide (1869-1951) était issu d'une riche famille et avait pu embrasser la carrière littéraire, libre de toute entrave. Au début des années 1890 il fréquente le cercle symboliste* et fait la connaissance de Mallarmé. Mais, dès 1895, il se détourne de ses premiers choix stylistiques pour donner, avec *Paludes*, la mesure et toute l'originalité de son talent ; suivront *Les Nourritures terrestres* (1897), *Les Caves du Vatican* (1914) et *Les Faux-Monnayeurs* (1925). Celui que Maillol qualifiait d'« écrivain à idées » avait précisément critiqué, dans sa *Promenade au Salon* *d'Automne* de 1905, la peinture « produit de théories » de la salle fauve. Par contre, il s'arrêta longuement devant le plâtre de *La Méditerranée** : « M. Maillol, ainsi, ne procède pas d'une idée qu'il prétend exprimer en marbre ;

il part de la matière même, terre ou pierre, qu'on sent qu'il aura longuement contemplée, puis dégrossie, qu'il émancipe enfin à coup de puissantes caresses. Chacune de ses œuvres garde un peu de l'élémentaire pesanteur. » Dans ses conversations romaines avec Maurice Denis*, en 1898, Gide avait participé à la définition d'une nouvelle esthétique reliant la « synthèse » de Gauguin* au style de Raphaël. Ce nouveau classicisme* qu'illustraient les *Arcadies* de Puvis* de Chavannes et de Maurice Denis le conduisit tout naturellement à admirer la sculpture de Maillol. « Simple

André Gide, 1923.

À propos de *La Méditerranée* :

« Je crois qu'il faut remonter loin en arrière pour trouver une aussi complète négligence de toute préoccupation étrangère à la simple manifestation de la beauté. »

Gide, *Promenade au Salon d'Automne*, 1905.

beauté des plans et des lignes […], nul détail inutile, nulle coquetterie ; la noble forme reste fruste, idéalisée fortement – non point spiritualisée, comme on croit trop souvent que le mot veut dire, mais simplifiée – de manière qu'on y peut entendre chaque muscle, mais qu'aucun ne s'y vient indiscrètement affirmer. Cela est d'un poids admirable […] » Cette analyse lyrique, publiée en 1905, constitue l'un des textes critiques les plus précoces et les plus importants sur l'art de Maillol. IC

◾ Grand Nu jaune (Le)

Pendant de très nombreuses années, la sculpture accapare tellement Maillol qu'il ne trouve presque plus le temps de peindre. La peinture fut pourtant sa grande ambition et il continuera toute sa vie durant les recherches entamées pendant sa période nabie*. En 1936, Maillol part en Italie avec son ami, le sculpteur Pimienta. Il veut étudier les fresques de Michel-Ange et visite la chapelle Sixtine. L'expérience de la sculpture a profondément modifié sa conception de la peinture. Il s'intéresse à la fresque parce qu'elle peut restituer cette monumentalité qu'il a atteint dans son œuvre sculpté. Le format de ses tableaux s'agrandit, sa palette change. Il abandonne les tonalités un peu froide de la période nabie pour un emploi de la couleur plus éclatant.
Le Grand Nu jaune de 1943 fut inspiré par la beauté de celle qui fut son modèle des dix dernières années de sa vie, Dina Vierny*. Il appartient à toute une série bâtie sur ce thème du nu* inscrit dans un paysage. Le corps occupe presque tout l'espace de

la toile et offre à la fois une vision de sensualité et de beauté abstraite*. On y retrouve cette conception massive et architectonique propre à l'art de Maillol. Le Grand Nu jaune est également un hommage à la mémoire de Gauguin*, car il n'est pas sans rappeler, par l'attitude de grâce naturelle dans le geste, certaines œuvres du peintre des îles Marquises. BL

◾ Graveur

L'œuvre gravé d'Aristide Maillol est le fruit d'une collaboration passionnée avec son mécène et ami, le comte Kessler*. Cet aristocrate allemand avait créé à Weimar une maison d'édition, la Cranach Presse, dirigée par Emery Walker, le maître de William Morris. Maillol éprouvait une certaine réticence vis-à-vis de l'aspect illustratif que l'on accordait à la gravure. Il avait néanmoins une

profonde admiration pour l'œuvre d'Odilon Redon et l'idée de se mesurer à une nouvelle technique finit par le séduire.
Il accepte donc en 1904 de participer à un premier ouvrage, Les Églogues de Virgile, traduit par le poète Marc Lafargue. Le sculpteur définit cependant

sa conception de la gravure comme illustration : « Les livres illustrés, je déteste ça. Si j'en fais c'est que je considère que la gravure au trait sur bois n'est pas de l'illustration ; ainsi traités, les dessins* sont l'équivalent de dessins d'imprimerie. Pour moi, c'est de la typographie. » Kessler va harmoniser la typographie des lettres aux gravures de Maillol en choisissant d'anciens caractères d'imprimerie du XVIIIᵉ siècle ; il crée ainsi un lien entre l'écriture et le dessin* des œuvres. Entre 1910 et 1913, Maillol exécute quarante-trois bois gravés et crée vingt-cinq autres figures destinées aux capitales d'imprimerie. Il travaille ensuite à une série de lithographies pour l'édition du recueil de poèmes *Belle Chair* d'Émile Verhaeren. Il réalise en 1935 ses plus belles gravures pour *L'Art d'aimer* d'Ovide, publié chez Gonin à Lausanne, puis *Daphnis et Chloé* ainsi que *Les Géorgiques* de Virgile. Enfin il prépare avec le célèbre marchand Ambroise Vollard, éditeur des fameuses *Suites Vollard* de Picasso, *Le Livre des folastries* de Pierre Ronsard, laissant à sa mort un œuvre gravé imposant, qui représente une autre facette de son talent. BL

▪ Grèce

Au printemps de 1908, le comte Kessler*, accompagné de l'écrivain Hugo von Hofmannsthal propose à Maillol de faire un voyage en Grèce. Maillol connaît fort peu l'art grec. Il ne s'en est jamais inspiré même si sa sculpture retrouve d'instinct la grâce et la force robuste de l'art archaïque grec du VIᵉ siècle av. J.-C. Maillol appartient à son temps, il est beaucoup plus proche de son ami* Matisse* et des tentatives

Pages précédentes :
Le Grand Nu jaune, 1936-1944. H/t. Paris, fondation Dina Vierny, musée Maillol.

Daphnis et Chloé, v. 1935. Bois gravé, 12 × 20,5. Coll. part.

Kouros de Paros, v. 530 av. J.-C. Marbre, h. 105. Paris, Louvre.

de simplification des formes que de l'art hellénistique. Il nourrit néanmoins une admiration sans borne pour les vieux maîtres comme Phidias ou Polyclète car il retrouve dans leurs œuvres l'essence même de ses recherches. En fait, dans la sculpture grecque, seule la période archaïque l'intéresse : « Je préfère l'art encore primitif* d'Olympie à celui du Parthénon. » De Praxitèle, il déclare : « Praxitèle est devenu un dieu pour le goût français. Pour moi c'est le Bouguereau de la sculpture, le premier pompier de la Grèce, le premier membre de l'Institut. » L'art de Maillol comporte donc ce paradoxe : il est à la fois nourri par Homère et Longus mais appartient à la même révolution que celle opérée par Cézanne, Gauguin* ou Matisse. BL

■ GUERRES MONDIALES
Maillol compromis ?

En 1914, le comte Harry Kessler* câbla à Maillol : « Enterrez vos statues, dans quinze jours nous serons à Paris, la guerre est imminente. » Ce télégramme fit passer l'artiste pour un espion. Marly investi, il échappa de peu à l'incarcération. En 1915, les habitants de Marly mirent le feu à la fabrique de papier* Montval et menacèrent de saccager l'atelier et de briser les statues. Incriminant son amitié avec Kessler, on l'accusa d'intelligence avec l'ennemi. Léon Daudet, dans *L'Action française,* titra à son propos « L'art boche ». Il fallut l'intervention de Clémenceau, qui connaissait Maillol de longue date, pour que, d'un trait de plume dans *L'Homme libre,* la vérité soit rétablie.

Au début de la Seconde Guerre mondiale, Maillol quitta Marly pour Banyuls* où il travailla pendant toute la durée des hostilités. Je l'y rejoignis en 1940. En août, apprenant que je faisais passer en Espagne des personnes fuyant le nazisme, il m'indiqua le chemin le plus court pour traverser la frontière dans la montagne et mit son atelier du Puig-del-Mas à notre disposition. D'après Varian Fry, chef du Comité de secours américain, nous avions ainsi créé le premier réseau d'évasion. Il sera baptisé « route Maillol ».

Le comte Harry Kessler.

En 1942, le sculpteur se rendit à l'exposition Arno Breker* à l'Orangerie, sans réaliser combien sa présence à cette manifestation pouvait le compromettre. À la Libération, les résistants locaux lui reprochèrent les fréquentes visites de soldats allemands qu'il avait reçues à Banyuls. Maillol expliqua qu'étant plus connu en Allemagne qu'en France, les intellectuels, artistes ou amateurs d'art incorporés dans l'armée allemande avaient naturellement cherché à le rencontrer. Il aurait pu ajouter, mais il l'ignorait, que ces mêmes soldats avaient cherché à voir Picasso, quai des Grands-Augustins à Paris, sans que cela soulève la moindre critique. Ne pouvant rien contre lui, on fit arrêter son fils Lucien qui, faute de charges, fut relâché au bout de trois semaines. Il n'y eut pas d'autres attaques à l'encontre de Maillol. Il décéda, peu après, des suites d'un accident de voiture survenu par hasard en septembre 1944. DV

■ HARMONIE

À l'aube de l'année 1940, Maillol décida de commencer une statue qu'il voulait différente de tout ce qu'il avait fait jusqu'alors. Je servis de modèle.

Dans la plupart de ses créations, Maillol abolissait le mouvement* et même si, parfois, il disait vouloir consulter la nature – c'est-à-dire regarder le modèle –, il travaillait surtout d'imagination.

Pour cette nouvelle sculpture, Maillol chercha donc, tout en préservant l'immobilité habituelle, à introduire le mouvement, et décida de travailler entièrement d'après nature. Cela signifiait pour lui s'orienter vers un chemin qui lui était inconnu, ce qui était passionnant mais difficile. Maillol commença par chercher l'aplomb. Ne sachant pas comment poser la jambe porteuse, il exécuta d'abord plusieurs états en plâtre, dont la plupart furent détruits. Il en conserva six différents, dont un incomplet, de façon à pouvoir les consulter (ill. p. 54).

Il n'eut pas de mal à mettre en place le corps, mais les jambes, qu'il trouvait trop longues, le préoccupaient. Maillol avait l'habitude de raccourcir et d'exagérer le volume des membres inférieurs. Dans son approche architecturale de la sculpture, les jambes jouaient le rôle de piliers. Confronté au modèle, une telle exagération s'avéra difficile à réaliser ; il lui fallut combattre ses habitudes.

De plus, il ne disposait d'aucun praticien* et devait tout faire lui-même sur place : mouler, scier, remonter une armature… J'ai souvent dû l'aider. Lors de ces manipulations, le cou de l'*Harmonie* se brisa, tassant l'œuvre. Cette déformation lui plut ; il la conserva dans le projet définitif.

L'état qui apparaît sur une photographie prise par Rewald, en 1941, fut détruit, mais c'est peu de temps avant le départ de celui-ci aux États-Unis que l'artiste commença la sculpture définitive. Maillol aimait sculpter les torses et commençait toujours ses œuvres par cette partie du corps. Il détestait les bras qui le gênaient, disait-il, et l'empêchaient de voir les profils. Aussi prit-il son temps avant d'ajouter les bras à sa statue *Harmonie*, qu'il voulait en tous points parfaite. Le sort en a décidé autrement : elle est restée inachevée. DV

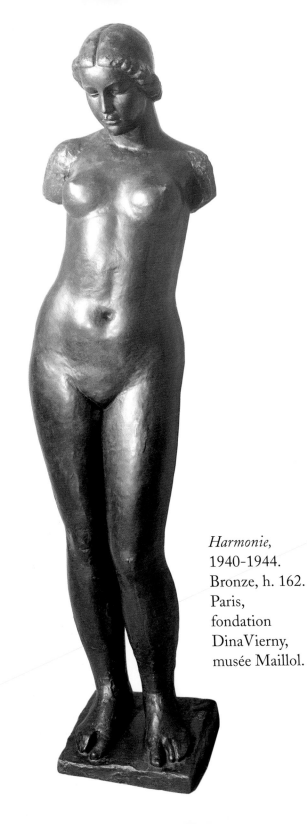

Harmonie,
1940-1944.
Bronze, h. 162.
Paris,
fondation
DinaVierny,
musée Maillol.

■ Inspiration (sources d')

Les carnets de Maillol sont couverts de dessins* pris sur le vif : dans la rue, à la plage, sur le front de mer, il regarde et dessine les jeunes filles.

La plupart des sujets qu'il a sculptés ont une origine lointaine mais précise dans sa mémoire. Il concrétise souvent cette première vision plus tardivement. On peut cependant, d'après les carnets et les dessins, en déterminer la source.

Son premier émoi artistique se situe au siècle dernier. Maillol, très attaché à sa sœur Marie, la voit, pieds nus, relevant ses jupes, marcher dans la mer, le torse bombé. Cette vision ne le quittera plus. En 1910, un modèle reprend cette pose. Cette œuvre sera terminée en une journée, tant le mouvement de Marie était resté présent dans

son souvenir. Cette jeune fille qui marche dans l'eau est à l'origine de l'*Ile-de-France* qui, exécutée d'après *Une Parisienne*, en 1925, sera l'un des chefs-d'œuvre de Maillol.

La seconde source d'inspiration de l'artiste est sa femme Clotilde Narcisse*, très belle, dont une attitude sur la plage le frappe particulièrement. Ce mouvement, qu'il dessina, tissa (voir Tapisserie) et sculpta en 1896 sous forme de relief*, sera sa première œuvre importante en sculpture : la *Femme assise,* qu'il reprendra inlassablement, le hantera toute sa vie ; sa plus belle interprétation en est *La Méditerranée*.

Autre vision de son enfance, les lavandières* et les femmes qui travaillent baissées dans les vignes, qui deviendront ses « femmes accroupies ». Elles sont au départ de toutes les recherches géométriques de son œuvre, faites à partir de corps courbés, ramassés sur eux-mêmes. DV

■ Japonisme

La découverte des arts du Japon dans la seconde moitié du XIXe siècle exerça une profonde influence sur les arts européens, au point de donner naissance à un néologisme, le « japonisme », pour caractériser ce nouveau style. La vogue pour le Japon était soutenue par un actif commerce d'objets et d'estampes qui attirait non seulement des collectionneurs mais aussi des artistes, comme Monet, Gauguin* ou les Nabis*, à la recherche d'un nouveau langage formel, plus direct. En 1893, une exposition de gravures d'Utamaro (1753-1806) et de Hiroshige (1797-1858), chez Durand-Ruel, fut une véritable révélation. Guidés

La Vague, 1888.
Bois gravé
17 × 19,7.
Paris, fondation
Dina Vierny,
musée Maillol.

Ile-de-France,
1925-1933.
Pierre
125 × 49 × 57.
Paris, Orsay.

par le travail des maîtres de l'école Ukiyo-e, les peintres français utilisèrent à leur tour des teintes plates et vives, supprimèrent les ombres et les lumières qui créent l'illusion du volume et abandonnèrent la perspective illusionniste. Les effets expressifs étaient essentiellement rendus par les lignes et les contours. Maillol, poussé par son goût naturel pour la synthèse, adhéra à ces simplifications dans sa peinture. Il traita son motif en deux dimensions, aplatissant l'espace et le réduisant à une surface, donnant ainsi aux lignes souples et sinueuses de son dessin* un grand pouvoir expressif et décoratif. Cette stylisation japonisante se retrouve dans la tapisserie* (ill. p. 14) intitulée *La Baigneuse* ou *La Vague*. IC

« *Ce qui paraît devoir réunir ces artistes dans une recherche commune, ce serait plutôt la préoccupation de cette synthèse linéaire et de ce tachisme violent. Les Japonais ont tracé leurs personnages comme s'ils jaillissaient d'un seul trait par la formule d'un dessin d'arabesque le plus souple et le plus mouvementé.* »

Gustave Geffroy, 1889.

Kessler (comte Harry)

Né à Paris, de mère écossaise et de père allemand, le comte Harry Kessler (1868-1937) était un grand amateur d'art, et sa culture était internationale. Coéditeur avec Bodenhauser de la revue *Pan* (1895-1900), éditeur de la *Cranach Presse*, qu'il fonda à Weimar, il fit imprimer des livres d'art dont le premier, consacré à Gauguin*, parut en 1906. Il édita également *Les Églogues* de Virgile, illustrés par Maillol (voir Graveur).

Le rôle du comte Kessler fut primordial pour la découverte et la défense de l'art du début du XXᵉ siècle en Allemagne (ill. p. 65). Il y fit connaître les impressionnistes, s'intéressa à l'expressionnisme allemand et introduisit dans le monde des collectionneurs le meilleur historien d'art du temps : Julius Meier Graefe. Passionné de sculpture, il admira et défendit Rodin*, il découvrit et aima Maillol. On l'appelait « le grand mécène », ce qu'il a vraiment été. Kessler rencontra Maillol, pour la première fois, en 1903 et visita son atelier, à Marly, en 1904. L'artiste travaillait alors sur son thème favori, celui de la *Femme assise*. Kessler admira l'œuvre et en commanda une pierre à l'artiste. Maillol réalisa en cette occasion sa première pierre taillée (voir Taille directe). Par la suite, il laissera ce travail à un praticien*. Le plâtre de l'œuvre fut exposé en 1905, au Salon* d'automne, sous le titre *La Méditerranée*.

Maillol réalisa pour Kessler le haut-relief du *Désir** en 1904, puis *Le Cycliste** en 1907. Défenseur, mécène et bientôt ami du sculpteur, Kessler le présenta aux plus grands collectionneurs et finança sa fabrique de papier* Montval. En 1908, il lui

fit découvrir la Grèce*, en compagnie du poète Hugo von Hofmannsthal. Comme Maillol, Kessler était pacifiste : il laissera dans ses écrits, principalement son journal, un des plus brillants exposés politiques du temps face à l'arrivée du nazisme auquel il lui semblait difficile de croire tant il semblait primaire. Kessler, fuyant le nazisme, viendra s'installer en France où il s'éteindra en 1937, à Lyon. Maillol lui doit la naissance de sa gloire. DV

Lavandières (Les)

C'est la rencontre avec Gauguin* et ses idées en matière de peinture qui vont le plus

influencer Maillol dans son œuvre. La fréquentation du groupe nabi*, auquel appartiennent Maurice Denis*, Pierre Bonnard* et Édouard Vuillard*, aura également une résonance profonde sur ses conceptions picturales qui tendent vers un art de la synthèse.

Denis écrit à ce propos : « Ce sont les manifestations du synthétisme en révolte contre le réalisme éclectique des académies qui ont éveillé chez Maillol, élève de Cabanel, sa véritable nature. » On retrouve dans la toile intitulée *Les Lavandières* (1889-1890) toutes les préoccupations stylistiques propres au Maillol peintre.

Il s'oriente d'abord vers une facture lisse, aux larges aplats, proches de ceux qu'utilise Gauguin. Par la suite, il emploie la division de la touche, le fractionnement des couleurs, opposant les contrastes entre zone d'ombre et de lumière. La touche est alors nourrie, généreuse, semblable à celle de son ami Vuillard. Le mouvement* adopté par l'une des lavandières sera repris l'année suivante pour une petite sculpture qui a la forme d'un heurtoir de porte : le corps semble jaillir du déploiement circulaire de la jupe, un des mouvements (voir Geste) les plus dynamiques jamais utilisés par Maillol. BL

La Lavandière, 1896. Bronze 12 × 28 × 19. Paris, fondation Dina Vierny, musée Maillol.

■ Léda

Maillol ne dédaigne pas s'inspirer de grands mythes antiques pour sa sculpture mais il se refuse d'en faire la description. Le thème de Léda apparaît très tôt dans son œuvre. Il sculpte un miroir où la figure féminine et le cygne sont enlacés. C'est une référence à l'épisode où Zeus, transformé en cygne abuse de la reine de Sparte. Il reprend en 1900 ce thème en ronde-bosse* et travaille sur de nombreux dessins* préparatoires. Petit à petit, il finit par supprimer le dieu incarné en oiseau et choisit de représenter simplement une figure de femme assise, nue*, qui exprime de la main un geste* de refus. En gommant toutes références précises à la mythologie et en ne gardant que son symbole, Maillol déplace la sculpture vers une conception de l'œuvre qui préfère l'idée à l'image, la forme à la notion de sujet. Le mythe de Léda est devenu un prétexte pour donner au corps une beauté sereine. Il réduit le contenu mythologique à cette attitude délicate où la jeune fille repousse les ardeurs d'un dieu invisible. Octave Mirbeau*, propriétaire de l'œuvre, la montra à Rodin et nous a rapporté ses propos admiratifs : « Ce qu'il y a d'admirable en Maillol, ce qu'il y a, je pourrais dire, d'éternel, c'est la pureté, la clarté et la limpidité de son métier et de sa pensée ». BL

> « *Maillol est un sculpteur aussi grand que les plus grands. Il y a là voyez-vous dans ce petit bronze de l'exemple pour tout le monde, aussi bien pour le vieux maître que pour le jeune débutant.* »
>
> Rodin d'après Octave Mirbeau.

Léda, 1900.
Bronze, h. 29.
Paris, fondation
Dina Vierny,
musée Maillol.

■ MARCOTTAGE
D'une sculpture l'autre

Le marcottage consiste à composer une nouvelle sculpture à partir d'une œuvre précédente, fragmentée puis remontée différemment ; ou à introduire, selon le même procédé, certains morceaux anciens dans une œuvre originale. On utilise généralement pour ce faire des plâtres ou des moulages. Maillol aimait réutiliser ses sculptures monumentales pour en construire de nouvelles. Ainsi il découpa le plâtre du *Monument à Cézanne** en fragments, à partir desquels il conçut ce qui sera le premier état de *L'Air**. Il fera de même avec *La Montagne,* dont les morceaux, réagencés, constitueront les éléments de base de *La Rivière**.

L'œuvre créée par marcottage se différencie totalement de la précédente par le considérable travail de composition de l'artiste. Quand il emploie ce procédé, Maillol crée plusieurs états successifs, en plâtre, qui sont autant d'étapes de sa recherche. Il en détruira ensuite la plupart mais en gardera aussi certains, ceux qu'il pense pouvoir être réutilisés ou qui gardent la trace d'une « bonne idée ».

Maillol n'appliqua la technique du marcottage qu'à ses œuvres monumentales. DV

Matisse (Henri)

Henri Matisse (1869-1954), marqué par l'enseignement de Gustave Moreau et les expressions diverses du post-impressionnisme*, s'installe durant l'automne 1904 à Collioure, non loin de Banyuls* : c'est là qu'il réalise ses paysages composés de grands aplats de couleur pure qui lui vaudront l'année suivante d'être à la tête du mouvement fauve (voir Gide). En 1900 il fait la connaissance de Maillol par l'intermédiaire de son condisciple de l'atelier Cabanel, le peintre roussillonnais Étienne Terrus. Matisse raconta à Raymond Escholier qu'au moment de leur ren-

contre, Maillol « exécutait la femme accroupie dont le bronze est placé dans le charmant patio de l'hôtel de ville de Perpignan […]. Je lui donnai la main pour le mouler. Je n'ai donc été pour rien dans sa carrière de sculpteur ». Cette mise au point était importante à une époque où la légende voulait que Matisse fût à l'origine des débuts de Maillol en sculpture. Matisse avait commencé à sculpter en 1899, probablement sous l'influence de Rodin* dont il avait visité l'atelier l'année précédente. « Nous ne parlions jamais à ce sujet, précisa-t-il. Car nous ne nous comprenions pas. Maillol travaillait par la masse comme les

La Montagne,
1937.
Plomb
165 × 185.
Paris, jardins
des Tuileries.

Maillol
et Henri Matisse
dans le jardin
de la maison
de Maillol
à Marly-le-Roi.

Antiques et moi, par l'arabesque, comme les Renaissants [...]. » Cet antagonisme n'empêcha pas les deux artistes de devenir d'excellents amis* comme en témoigne une lettre de 1911 adressée par Maillol à Rippl-Rónai* : « Matisse est maintenant un de mes meilleurs amis – très sérieux et simple, il vint souvent près de Banyuls [...], il fait de très belles natures mortes très riches et [de] la sculpture très savante. » En 1941, Maillol présenta Dina Vierny* à Matisse afin qu'il réalise une série de dessins : « Je vous prête la vision de mon travail, vous la réduirez à un trait », lui déclara-t-il avec élégance. IC

■ MÉDITERRANÉE

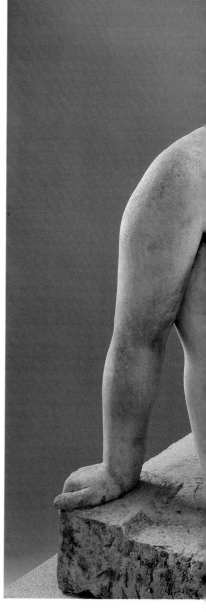

Dès la fin du XIXᵉ siècle, on trouve parmi les dessins* de Maillol l'image d'une femme assise aux formes ramassées. Elle le hantera toute son existence, il la recommencera inlassablement : ses carnets de croquis en sont remplis. C'est d'après un mouvement de Clotilde Narcisse* qu'il fait, en 1896, un premier dessin grandeur nature. Puis, il la peint, la tisse (voir Tapisserie), la sculpte sous forme de bas-relief*, et finalement la sort de ce cadre étroit et crée une ronde-bosse*.

Judith Cladel* raconte dans son livre : « Au printemps de 1900, il ramène à Paris son premier état de celle qu'il nomme tout bonnement *Femme accroupie*. [...] Il la modèlera, la moulera, reprendra le plâtre, et d'un labeur de cinq ans sort le nu féminin aujourd'hui fameux sous l'appellation de *La Méditerranée*. »

L'évolution entre le premier état (ill. p. 100) de 1900-1902 (bronze au musée d'Orsay) et le second de 1902-1905 est significatif de la recherche formelle de Maillol : le corps s'est refermé, la jambe gauche rapprochée du buste, le bras gauche relevé et replié, le torse et la tête davantage penchés. Alors que le corps semble se rassembler dans un cadre invisible, le profil gauche de la sculpture dessine nettement une succession de triangles superposés et imbriqués.

En 1904, le comte Harry Kessler* commande à Maillol une version en pierre d'après le plâtre ; l'artiste l'exécutera après l'achèvement de l'œuvre qui est exposée au Salon* d'automne de 1905. Cette pierre sera la première et une des rares taillées de la main du sculpteur (voir Taille directe). Le musée d'Orsay possède un marbre de la version de 1923 (ill. p. 18).

Au Salon d'automne, la *Femme accroupie* est critiquée et choque le public accoutumé à l'académisme. Architecte du corps humain, Maillol a cherché à réunir les formes en un seul bloc, en les simplifiant et en leur enlevant toute signification. André Gide*

La Méditerranée,
1905-1906.
Pierre originale 110 × 120.
Winterthur,
fondation Reinhart.

le comprend, qui fait l'éloge de cette œuvre dans son compte-rendu du Salon : « Elle est belle, elle ne signifie rien ; c'est une déesse silencieuse. »

Maillol ne donnait pas de titre à ses créations, ses amis* artistes s'en chargeaient. Ainsi la *Femme accroupie* fut-elle successivement baptisée *Statue pour un jardin ombragé, La Pensée* et *Pensée latine,* avant de devenir *La Méditerranée.* DV

▧ **Mirbeau (Octave)**

Romancier naturaliste, peintre amateur, critique d'art, Mirbeau (1848-1917) était un pamphlétaire féroce et engagé. Royaliste et catholique, il eut par la suite des sympathies pour les théories anarchistes. Mais ce « virtuose de l'éreintement », comme le qualifia Henri de Régnier, savait aussi succomber à des enthousiasmes et à des admirations durables. Son opposition violente à l'académisme en fit l'un des premiers défenseurs de l'impressionnisme. Il fut l'ami de nombreux artistes, parmi eux Monet, Pissarro, Rodin*, et du critique Gustave Geffroy. Mirbeau fréquentait les cercles naturalistes et symbolistes* et comptait parmi les habitués des « mardis » de Mallarmé. Loin de se cantonner à des préférences catégorielles, cet esprit libre et vindicatif apporta son soutien à des artistes « maudits », comme Van Gogh et Gauguin*. Il admirait aussi beaucoup Cézanne. En 1902, il visita la première exposition Maillol à la galerie Vollard et acheta une *Léda**. Après la mort d'Émile Zola, survenue cette même année, il proposa, mais sans succès, le nom de Maillol pour élever un monument à l'écrivain. Mirbeau fut le premier à publier, en avril 1905, un important article sur ce « maître incomparable de la statuaire moderne » qu'il admirait sans réserve et qu'il cherchait à faire reconnaître par les instances officielles de l'art. Il y analysait avec fougue et brio la conception de la femme dans

Octave Mirbeau.

La Jeunesse, 1910.
Marbre
106 × 44 × 34.
Paris, Orsay.

l'œuvre de Maillol et rapportait les paroles de l'artiste sur les différentes étapes de ses réalisations, et son apologie du travail manuel. Mirbeau s'accordait avec Maillol pour donner une place aussi importante chez l'artiste au créateur qu'à l'ouvrier (voir Taille directe). IC

■ **Modelé**

L'une des caractéristiques de la sculpture de Maillol est son approche du modelé. Rodin* était aussi sensible à l'effet de surface qu'à l'expression ou au mouvement de ses figures dans la lumière. Maillol, lui, cherche le volume pur, la forme lisse, close. Il reprend à son compte la formule d'Ingres (1780-1867) qui affirme : « Pour arriver à la belle forme, il faut modeler rond et sans détails intérieurs. » Maillol efface tous détails anatomiques ; il veut trouver dans la forme pleine, immobile une puissance qui puisse rivaliser avec tous les autres types d'expression dans la sculpture. L'effet de surface n'est cependant pas aboli. Il est devenu presque imperceptible, une simple vibration pour animer la matière. Certains plâtres originaux portent encore la marque de ses doigts. Cette conception très neuve d'une sculpture sans creux, saillies, ni affleurement des muscles, va inspirer d'autres artistes. Constantin Brancusi, à son tour, poncera les formes et polira les surfaces, poursuivant ce travail de simplification et de recherche du volume pur qui contient dans sa masse l'idée de la figure originelle. BL

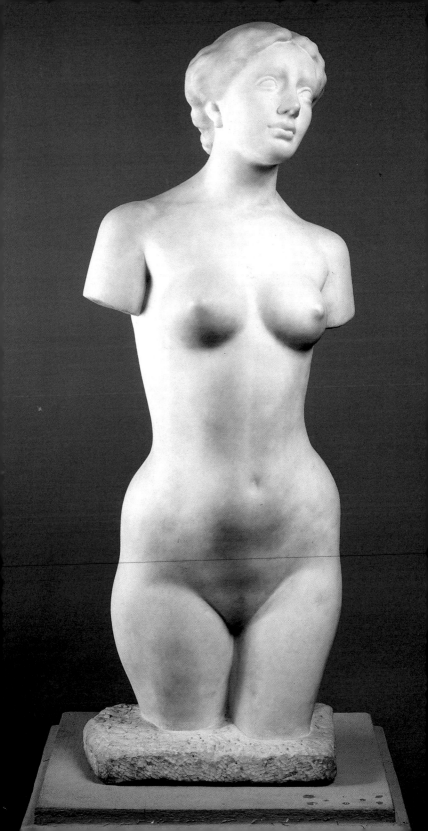

Monfreid (Georges-Daniel de)

Maillol se lia avec Georges-Daniel de Monfreid (1856-1929), Catalan d'adoption, dès son arrivée à Paris (voir Amitiés). Ce dernier avait étudié la peinture à l'atelier Colarossi et, par l'intermédiaire d'un ami commun, Émile Schuffenecker, il était entré en contact avec Gauguin*, en 1888. L'année suivante, Monfreid exposait à ses côtés au café Volpini, avec le « groupe impressionniste et synthétiste ». Il y entraîna Maillol qui, à cette occasion, découvrit l'art de Gauguin. Après le départ de ce dernier à Tahiti, Monfreid resta son homme de confiance et son correspondant fidèle. Le nom de Maillol apparaît très tôt, dès 1892, sous la plume de Gauguin ; les deux artistes s'étaient probablement vus avant son départ pour la Polynésie, le 1er avril 1891.

Comme en témoignent les carnets intimes de Monfreid, ses rencontres avec Maillol étaient quasi quotidiennes, tant à Paris qu'à Villeneuve-Saint-Georges, à Marly ou dans le Midi. Par sa générosité et ses encouragements, Monfreid a soutenu Maillol sans relâche, en particulier pendant ses années de misère. Sa serviabilité à son égard, comme à celui de Gauguin, semblait sans limite. Lorsque Maillol repartit dans le Midi, Monfreid se rendit à plusieurs reprises au Bon Marché où il achetait des couleurs pour teindre les laines, qu'il expédiait à Banyuls*. Il possédait plusieurs œuvres de Maillol dont *La Femme à la vague* et, dès 1898, une tapisserie*. Il avait aussi la garde de ses statuettes qu'il confia à Henri Matisse* quand il changea d'atelier. Maillol lui donna quelques conseils pour la

sculpture lorsque, encouragé par l'exemple de Gauguin, Monfreid se lança en 1897 dans la réalisation d'un calvaire. Après la mort de Monfreid, Maillol fit remonter cette œuvre dans l'église de Vernet-les-Bains. IC

Georges-Daniel de Monfreid, *Homme à la chemise bleue, portrait de l'artiste,* 1901.
H/t 69 × 50.
Paris, Orsay.

◼ MONUMENTS AUX MORTS
Se placer hors du temps

Après la guerre de 1914-1918, la France se couvrit de monuments aux morts. Maillol reçut plusieurs commandes. Il effectue pour la ville de Ceret la figure de *La Douleur* (ill. p. 111) représentant une femme assise, proche de la représentation de *La Mélancolie* par Albrecht Dürer (1471-1528). Il reprend le thème d'une *Pomone** drapée pour la ville d'Elne.

Entre 1930 et 1932, il exécute pour son village natal de Banyuls* un haut-relief composé de trois parties : au centre, une figure casquée d'homme étendu ; à gauche, le thème de l'épouse et de la mère ; et, à l'opposé, un groupe de femmes portant des couronnes de laurier. Maillol dit à propos de cette œuvre : « J'ai supprimé tout détail […]. Il faut se placer hors du temps dans ce genre de travaux, il faut que cela soit éternel. »

En renonçant à une imagerie de la France guerrière, avec les attributs classiques de l'armée – tambours, drapeaux ou scène d'héroïsme –, Maillol rompt avec toute une tradition iconographique des monuments aux morts. Il sera suivi dans ce sens par de nombreux sculpteurs. Maillol obtient pour le monument de Banyuls un emplacement admirablement situé, face à la mer. « J'ai voulu faire des pierres sur la mer. C'est une conception d'architecture plutôt que de sculpture. » Le choix du lieu où placer une œuvre demeure pour Maillol essentiel. Il veut que ses sculptures restent à hauteur du regard et non pas en position dominante, comme le voulait la conception académique. C'est l'œuvre qui doit contenir en elle-même une monumentalité, sans le concours du socle qui la porte. BL

Monument aux morts de Banyuls, 1930-1932.

Morosov (Ivan Abramovitch)

En 1910 Maillol fait la connaissance du grand collectionneur russe Morosov, qui vient d'admirer sa *Pomone** au Salon* d'automne. Ce dernier a déjà réuni dans sa fabuleuse collection à Moscou des œuvres de Cézanne, Van Gogh, Redon, Vuillard*, Bonnard* et Signac. Il commande à Maillol une série de sculptures sur le thème des Saisons. L'artiste accepte et se met au travail. « Ce sera un hymne à la jeunesse », confie-t-il à son historiographe, Judith Cladel*. Il va imaginer de très nombreuses versions pour chacune de ses figures : il s'agit de *Flore, L'Été, Pomone* et *Le Printemps*. Cette version des *Quatre Saisons* entre dans la collection Morosov juste avant la Première Guerre* mondiale. La révolution d'Octobre dépouille Morosov de ses biens. On lui accorde néanmoins le droit de faire visiter sa collection en tant que guide et sa demeure sera par la suite transformée en musée. BL

Flore, 1911.
Bronze, h. 167.
Coll. Part.

La Danseuse,
1895. Bois,
22 × 24.
Paris, Orsay.

Mouvement

Si une grande partie de l'art moderne est liée à l'expression du mouvement, celle-ci est contraire aux recherches de Maillol (voir Geste) : « Pour mon goût, il faut le moins de mouvement possible en sculpture. Il ne faut pas que ça chahute et que ça grimace facilement. [...] Quand le mouvement est donné avec excès il est figé :

ce n'est plus la vie. L'immobilité que crée l'artiste n'est pas du tout la même que celle de la photographie. L'œuvre d'art contient la vie latente, des possibilités de mouvements : une grimace qui s'éternise ne représente pas la vie. »

Seules deux sculptures de Maillol s'inspirent d'un mouvement violent, *L'Action** *enchaînée* et *La Rivière**, mais elles le font dans une composition puissante qui neutralise l'agitation au profit de la synthèse que Maillol a découverte dans le génie de Michel-Ange. Le seul mouvement que recherche Maillol est celui auquel le spectateur doit se soumettre pour appréhender la multiplicité des profils qui définissent la globalité de l'œuvre, différente dans chacun de ses contours (voir Ronde-bosse). JLD

■ NABIS
Maillol parmi les prophètes

Dans les quatorze dernières années du XIXe siècle fleurissent de nombreux mouvements picturaux (voir Post-impressionnisme), dont le groupe des Nabis (« prophètes » en hébreu), fondé en 1888 (première exposition en 1890).

Maillol n'a jamais à proprement parler appartenu au groupe des Nabis, du moins au premier cercle d'amis qui s'était constitué à l'académie Julian, dans les années 1880. Il resta en marge de leurs théories et de leurs activités : il ne participa pas aux réunions du passage Brady, de l'atelier de la rue Pigalle ou de l'atelier Ranson, aux expositions chez Le Barc de Boutteville, ni à la Société des artistes indépendants ou aux représentations de leur théâtre de marionnettes.

Maillol partageait cependant un certain nombre de leurs préoccupations esthétiques. Comme le mentionna Denis*, il revendiqua sa place parmi eux en leur attribuant une profonde influence sur sa formation et son art. Comme eux, il s'intéressait à un langage plus symbolique* que narratif où domine le sens du décoratif. Une commune admiration pour Puvis* de Chavannes, Gauguin* et Cézanne les rapprochait également, ainsi qu'un intérêt puissant pour le renouveau des arts décoratifs.

Les Nabis, cependant, l'ignorèrent pendant plusieurs années : « Maillol leur était inconnu, témoigna József Rippl-Rónai*. Ils furent intéressés, Thadée Natanson en premier, lorsque Maillol a pu présenter d'une façon plus avantageuse ses petites sculptures. » Maillol se trouva pour la première fois associé au groupe à l'occasion de la première exposition de *La Libre Esthétique* à Bruxelles, en 1894. Il fit leur connaissance quelques mois plus tard, par l'intermédiaire de Rippl-Rónai. Peu de temps après cette rencontre, Maillol réalisa des statuettes en bronze* intitulées *Nabi nue* et *Nabi vêtue*. Ses relations avec les Nabis ont donné naissance à quelques amitiés* durables avec Bonnard*, Denis, Roussel ou Vuillard*, qui survécurent à la disparition du mouvement, au tournant du siècle. IC

Maurice Denis, *Adoration des Rois Mages*, 1904. H/t 115 × 162 Dijon, musée des Beaux-Arts. Les mages ont les traits de Maillol, Sérusier et Vollard.

Portrait de Madame Maillol, 1894.
H/t 42 × 32.
Paris, fondation Dina Vierny, musée Maillol.

Narcisse (Clotilde)

Clotilde Narcisse (1873-1952), fille de boulanger, se levait aux aurores pour aider son père ; Maillol l'arracha à ce rude travail. Il l'engagea en 1893, avec sa sœur, comme ouvrière dans l'atelier de tapisserie* qu'il venait de créer à Banyuls*. De douze ans plus jeune que Maillol, c'était une belle jeune fille, rieuse et malicieuse, comme on le voit sur le portrait que Maillol fit d'elle en 1894. On la retrouve dans *La Femme* à l'ombrelle* (musée d'Orsay) et dans *La Jeune Fille assise dans un pré* (musée Maillol), deux toiles qui datent de 1895.

À l'époque où il travaillait à ses tapisseries, Maillol herborisait, à la recherche de plantes pouvant donner les couleurs garance, vermillon, vert ou bleu. Clotilde le suivait tous les jours dans la montagne. Maillol racontait : « J'ai vécu là mes plus belles heures ; toute la montagne a vu ma femme nue. Elle était belle. » Maillol épousa Clotilde en 1896 ; elle lui donna un fils, Lucien, la même année. C'est elle qui lui inspira ses premières sculptures : *La Méditerranée*, *L'Action* enchaînée (Monument à Auguste Blanqui), *La Nuit*. D'instinct, elle savait aider l'artiste, le soutenir. Maillol en parlait avec admiration : « Elle a posé dans le froid. À l'époque de la grande pauvreté, elle a eu faim avec moi, sans se plaindre, cela est inoubliable. » DV

◼ Nu

La représentation du nu féminin au XIXe siècle est, à quelques rares exceptions (*Maja dévêtue* de Goya), voilée de prétextes mythologiques, historiques ou exotiques (thèmes orientaux d'Ingres ou de Delacroix). Le XXe siècle se défera, non sans quelques scandales*, de cette hypocrisie. Mais ce sont plutôt les proportions de ses nus que les détracteurs reprochent à Maillol : pourtant ces formes courtes et fortes sont pour beaucoup dans l'impression de force et de tranquillité qui se dégage de ses œuvres. Cette forme féminine, Maillol la veut nue ou seulement vêtue d'un voile dont les plis souligneront la plénitude qu'il recherche, et qu'il ne trouvera qu'en échappant à la nature.

Comme Rodin*, Maillol est sensible à la puissance des fragments que les fouilles archéologiques ont mis à l'honneur. Il commence généralement par le torse, qui lui permet de fixer la place de l'observateur devant une forme pure, hiératique, jamais symétrique. Cependant, il ne saurait se contenter d'un « morceau », si beau soit-il. À partir de cet élément originel et principal, il va jusqu'au bout de la figure, développe son unité en y accrochant la tête, les bras

Baigneuse assise,
1938.
H/t 116 × 90.
Paris, fondation
Dina Vierny,
musée Maillol.

et les jambes dont il invente totalement la disposition, d'où son recourt au marcottage*. Pour former selon son idée, il doit déformer.

Or la déformation de la figure est ce qui apparaîtra le plus insupportable au grand public du début du siècle. Elle vaudra à Maillol de virulentes critiques avant que les collectionneurs reconnaissent son style. Elle provoquera les mêmes sarcasmes que ceux qui accompagneront *Les Demoiselles d'Avignon* de Picasso, *Le Nu bleu* de Matisse* ou *Le Nu descendant un escalier* de Marcel Duchamp. Car l'interprétation de la figure humaine comporte encore plus de risque que de déformer un objet ou un paysage pour le soumettre à la réalité du langage de l'art. JLD

■ NYMPHES

L'idée des *Trois Nymphes* naquit en 1930, alors que Maillol sculptait celle qui en sera la figure centrale. Inspiré par ce beau modèle, prénommé Lucile, il aurait voulu faire les trois figures d'après elle, mais cela s'avéra impossible. Maillol prit donc un autre modèle, sa bonne Marie, pour les deux nymphes qui l'accompagnent.

Concevoir un groupe était pour Maillol une expérience intéressante mais présentait un surcroît de difficulté pour trouver le pendant à la nymphe centrale et harmoniser le mouvement des bras, toujours source de souci pour l'artiste. Là encore le sculpteur travaille de manière très progressive, créant plusieurs états en plâtre, et pour chacun d'eux différentes versions des bustes, auxquels il attache les membres en dernier : finalement il crée un jeu de symétrie et de réponse dans la position des bras et des mains, créant ainsi un lien intime entre les trois figures.

Les Trois Nymphes sont un hymne à la jeunesse. On prête un sens allégorique à cette œuvre qui en vérité n'en a aucun, mais elle peut faire penser au *Jugement de Pâris* gravé par Raimondi d'après Raphaël. Maillol, auquel on avait suggéré de nommer cette sculpture *Les Trois Grâces* ne l'entendait pas ainsi : « Mes nymphes sont trop lourdes, trop construites pour être des grâces, mais elles peuvent prétendre à la qualité des nymphes qui, bien charpentées, courent pieds nus dans les bois et les prés. »

Maillol travailla sept ans sur cet ensemble qu'il termina en 1937, date à laquelle il sera exposé au musée du Petit Palais à Paris. C'est le seul groupe sculpté existant dans l'œuvre de l'artiste. *Les Trois Nymphes,* qui se trouvent à la Tate Gallery de Londres, ont été ciselées de sa main. DV

Les Trois Nymphes,
1930-1937.
Bronze, h. 157.
Paris, jardins des Tuileries.

Bas-relief indien faisant partie des collections de Maillol.

■ Orient

Maillol n'a pas directement suivi l'exemple de son ami Gauguin*, parti à la recherche d'une autre esthétique qu'il rencontrera dans la culture maorie et océanienne (voir Primitivisme). Mais comme lui, il cherche dans d'autres civilisations les qualités plastiques dont il a besoin pour son art.

Maillol aime tout particulièrement l'art égyptien qui n'utilise jamais le mouvement* en sculpture. Il trouve dans les statues de l'Égypte ancienne cette volonté d'un art hiératique, le souci de formes qui ne décrivent pas le corps mais élèvent la représentation humaine vers une conception de l'éternité. Il admire tout autant les civilisations de l'Extrême-Orient. Quand Maillol visite en 1900 l'Exposition Universelle, il tombe sous le charme de l'art khmer.

Cette année-là, l'École française d'Extrême-Orient a reconstitué des pans entiers du temple d'Angkor Vat (XIIe siècle) et présente des moulages de ses bas-reliefs. Maillol obtient l'autorisation à la clôture de la manifestation de prendre l'empreinte de certains de ces moulages. Parmi les objets familiers qu'il possède, on trouve une statuette indienne de style gupta, signe de l'intérêt constant qu'il porta à ces civilisations. BL

◼ Papier

En 1905, Henri Matisse* rencontrait Maillol quotidiennement. Le surprenant un jour en train de mâcher avec application, il s'en étonna. Maillol sortit de sa bouche une boule blanche qu'il aplatit contre le mur : « Voici mon futur papier à la forme. Je peux l'obtenir en réduisant du coton blanc sous forme de pâte ! » Matisse en resta sidéré.

Le comte Harry Kessler*, ami et mécène de Maillol, s'intéressa à cette invention qu'il demanda à expérimenter. Une fois convaincu, il en déposa le brevet et finança, en 1913, la création d'une petite fabrique de papier, à Montval, localité voisine de Marly. Le très beau papier, qui y fut réalisé, fut baptisé Montval et porta en filigrane, dans sa trame, les initiales M K couronnées par la Méditerranée. Maillol, heureux, pouvait enfin dessiner sur un papier à la mesure de ses exigences.

Mais gérer une entreprise, fut-elle de taille modeste, n'était pas du goût de l'artiste. Il confia bientôt l'affaire à son neveu Gaspard, lui-même peintre et graveur. Celui-ci, n'ayant pas les compétences voulues, Kessler finit par vendre le brevet ainsi que l'installation à la maison Montgolfier. Le papier Montval existe encore aujourd'hui. DV

Femme étendue au voile, v. 1920. Crayon bleu 21,7 × 32. Winterthur, collection Hahnloser.

89

■ POMONE

*P*omone fut inspirée à Maillol par la vision d'une fillette de douze ans, Laure, sa voisine. Elle présentait des volumes inhabituels qui, sur un corps jeune, lisse et tendu, s'apparentaient aux formes d'une femme épanouie. Il fit poser la fillette, mais « sans la copier en tous points », car il entre dans la création de *Pomone* une part de rêve.

En janvier 1909, Maurice Denis*, invité à Moscou par Morosov*, exécute pour lui plusieurs panneaux peints, destinés à décorer une salle. Il conseille vivement au collectionneur russe de commander pour cette même salle, quatre sculptures à Maillol, à la place des vases qui y étaient initialement prévus.

Parallèlement, *Pomone* est terminée en 1910. Elle est exposée au Salon* d'automne où elle est accueillie avec succès par la critique du temps, tournée vers la modernité. *Pomone* est une des œuvres majeures de Maillol. Elle est le reflet de ses idées et atteint un point de densité encore inconnu dans l'histoire de la sculpture. Elle tend vers une conception épurée, simplifiée des volumes. Elle choque et enthousiasme le public. C'est une déesse de la modernité qui porte dans ses flancs lisses et lourds les promesses d'expressions futures.

On y retrouve la sérénité de *La Nuit* (1902) ou de *La Méditerranée** (1905), mais cette fois dans un nu*

Pomone, 1910.
Bronze, h. 164.
Paris, fondation DinaVierny, musée Maillol.

debout. La verticalité n'est pas agressive mais fondue dans le jeu mouvant des courbes de la silhouette, et atténuée par l'ample coiffure qui couronne la tête.

Morosov, conquis par *Pomone*, l'acquiert et commande à Maillol trois autres sculptures pour l'accompagner : ce seront *L'Été, Flore* (ill. p. 82) et *Le Printemps* (1910-1911). Ces deux dernières, jeunes filles en fleurs, ont des formes beaucoup plus graciles que la plupart des autres nus de Maillol. L'ensemble des *Saisons* est aujourd'hui conservé au musée Pouchkine mais les bronzes sont visibles dans les jardins des Tuileries*.

Maillol donnera, au cours de sa carrière, d'autres représentations de Pomone : *Pomones vêtues* en 1921 et 1922, et une *Pomone aux bras tombants,* en 1937, la dernière version de ce sujet. Il est à noter que de l'une à l'autre les bras, peu à peu, seront infléchis. DV

91

Pierre Bonnard,
affiche de
La Revue Blanche,
1894.
Lithographie.
Paris,
Bibliothèque
nationale
de France.

■ POST-IMPRESSIONNISME
Exprimer plus fortement

Bien avant la dislocation du groupe impressionniste, en 1886, de nouvelles tendances artistiques issues de cette mouvance virent le jour. Roger Fry, à l'occasion d'une exposition qu'il organisa à Londres, en 1910-1911, les regroupa sous le terme de « post-impressionnisme », un mouvement aux multiples visages dont John Rewald* a écrit l'histoire. Le post-impressionnisme ne formait pas un courant unitaire mais se composait d'une nébuleuse d'artistes. Il incluait des peintres aussi divers que les pointillistes, Gauguin*, Van Gogh, Cézanne, Denis*, Matisse* ou Picasso, qui cherchaient à exprimer l'émotion à travers de nouvelles recherches formelles. Au terme de « post-impressionnisme », Fry préférait d'ailleurs celui d'« expressionnisme » qui reflétait mieux le nouveau pouvoir de la couleur et du dessin détachés de la représentation naturaliste qui caractérisait l'impressionnisme.

Le post-impressionnisme s'épanouit pendant les quatorze dernières années du XIXᵉ siècle – de 1886, date de la dernière exposition impressionniste, à la naissance du cubisme* – soutenu par des revues telles que *Le Mercure de France, La Revue blanche,* ou *Le Moderniste illustré.* Parmi les manifestations les plus importantes du post-impressionnisme, l'exposition au café Volpini, en 1889, fut l'un des moments forts où de jeunes artistes – et parmi eux Aristide Maillol – eurent la révélation d'un art différent. IC

▨ Praticiens

Dégrossir un bloc de pierre ou de marbre est un travail long et physiquement éprouvant que les sculpteurs font rarement eux-mêmes (voir Taille directe). C'est donc le praticien qui dégage les principaux volumes, délimités par des points de repère reportés d'après le modèle original (en plâtre) réalisé par l'artiste.

Plusieurs praticiens travaillèrent avec Maillol. Clarette accompagna les débuts de l'artiste en sculpture. Guino deviendra le praticien de Renoir* à qui Maillol l'avait présenté. Jean van Dongen, frère du peintre, taillait le marbre. Dans le four de son atelier, proche de celui de Maillol, il cuisait, en les estampant, les terres* cuites, que le sculpteur corrigeait avant la cuisson. Jean Matisse, fils du peintre, travailla la pierre. Suter fut un bon ciseleur. Robert Couturier réalisa le marcottage* de *La Montagne* (ill. pp. 74-75) pour *La Rivière*.

À Banyuls*, pendant la Seconde Guerre* mondiale, Maillol, n'ayant plus de praticien, se remit au moulage et au démoulage de ses œuvres, disant qu'à la fin de sa vie il était redevenu son propre praticien, comme au commencement. DV

Paul Gauguin,
Soyez mystérieuses,
1890.
Bois de tilleul
polychrome,
73 × 95.
Paris, Orsay.

■ Primitivisme

Les cultures étrangères, c'est-à-
dire celles qui usent d'un tout
autre mode d'expression que la
tradition grecque ou plus large-
ment occidentale, fascinèrent
les artistes au tournant du
siècle. Gauguin* fut l'un des
rares à engager non seulement
son œuvre mais aussi sa vie dans
cette direction. Il partit au bout
du monde, chez les Maoris,
avec la volonté de réinventer la
représentation de la figure
humaine en dehors des conven-
tions héritées de l'humanisme.
Il s'installa d'abord à Tahiti
puis acheva sa vie aux îles Marquises, où il fut profondément
inspiré par l'art océanien.
Maillol participe différemment
à cette « découverte » de l'art
primitif qui va tant inspirer l'art
moderne. Il est l'un des premiers à s'intéresser aux masques
nègres, « peut-être même avant
Picasso » dira Gertrude Stein,
mais sa perception du primitivisme ne l'entraîne pas vers la
déconstruction de l'image
comme le fera Derain ou
Picasso (voir Cubisme). Maillol
va utiliser d'une tout autre
manière que ses contemporains
– notamment Gauguin – l'ins-

piration issue des arts primitifs.
Ainsi, s'il s'appuie, dans sa
sculpture, sur l'art archaïque
grec, il s'agit plutôt pour lui
d'un retour vers des formes ori-
ginelles. Il voit dans la leçon du
primitivisme le moyen d'aspirer
à une vision pleine et sereine du
corps. Maillol y recourt sans
cesse mais dans un souci de
délivrer la représentation du
corps de tout ce qu'elle avait de
conventionnel et d'académique
(voir Nu). BL

■ Puvis de Chavannes (Pierre)

Comme Gauguin*, les Nabis*
et beaucoup d'artistes de sa
génération, Maillol fut fasciné
par la peinture de Puvis de
Chavannes (1824-1898). Son
style décoratif simple et monumental à la fois, la délicatesse de
ses aplats colorés qui le rapprochait des maîtres du *quattro-
cento,* son symbolisme délicat,
l'attiraient. « Puvis ! C'est à lui
que nous avons dû les plus
grandes émotions d'art de notre
jeunesse, confessa Maillol. […]
L'œuvre de Puvis a été pour
notre inexpérience un bon
conseil. » Son influence est sensible dans le *Portrait de tante*

Lucie, réalisé vers 1890. Cette peinture fine, que Gauguin trouvait un peu sèche, rappelle en effet par sa délicatesse la *tempera* des primitifs italiens. Maillol, trop timide, ne chercha jamais à rencontrer ce maître admiré, mais il se montra sensible à un compliment lancé par Puvis à propos d'un décor représentant un paysage à la « fine lumière argentée » qu'il avait réalisé pour le théâtre de marionnettes de son ami, le poète Maurice Bouchor. Comme Seurat, Maillol réalisa, en 1888-1889, une copie du *Pauvre Pêcheur* conservé au musée d'Orsay depuis 1986. IC

Pierre Puvis de Chavannes, *Le Pauvre Pêcheur*, 1881. H/t 55,5 × 192,5. Paris, Orsay.

Renoir (Pierre-Auguste)

En 1907, Maillol se rendit à la demande de Vollard* chez Renoir (1841-1919), à Essoyes, afin de réaliser son portrait. Il le modela directement dans la terre, sans étude préalable, mais, au moment où le travail touchait à sa fin, l'armature, faite de vieux morceaux de fils de fer, céda et le buste s'effondra. Maillol le reprit en une seule séance. Pendant qu'il posait, Renoir, qui avait déjà eu l'occasion de voir sculpter son ami à Marly, l'observait au travail. C'est ainsi que naquit en lui le désir de faire à son tour de la sculpture, mais il ne concrétisa son projet que quelques années plus tard lorsqu'il vécut aux Collettes, à Cagnes-sur-Mer. « Sous ce soleil, disait-il, on a envie de voir des Vénus en marbre ou en bronze, mélangées au feuillages. » La femme, en effet, est également omniprésente dans les œuvres de Renoir qui partageait avec Maillol l'amour des formes épanouies. Déjà très amoindri par des rhumatismes déformants, il ne pouvait réaliser lui-même toutes les étapes nécessaires à cet art. Maillol lui présenta le sculpteur catalan Richard Guino qui devint le praticien* de Renoir de 1913 à 1918. En 1908, le peintre avait réalisé un portrait de Vollard tenant entre les doigts une petite *Baigneuse* de Maillol (Courtauld Institute Galleries, Londres). Il déclarait préférer Maillol à Rodin* tandis que le sculpteur considérait Renoir comme un grand peintre. IC

Rewald (John)

John Rewald (1912-1994) est né à Berlin, le 2 février 1912. Son premier séjour à Paris remonte à 1932. Quatre ans plus tard, il soutenait une thèse sur Cézanne et Zola, publiée cette même année. Le jeune historien d'art fréquentait le monde des collectionneurs et des marchands – Paul Gachet, Durand-Ruel, Vollard* –, celui des critiques d'art – Félix Fénéon –, des chercheurs – Lionello Venturi – et des descendants d'artistes comme ceux de Cézanne, de Pissarro ou de Redon. Il était également en contact avec des créateurs comme Signac et Maillol, devenant ainsi un spécialiste de l'impressionnisme et du post-impressionnisme*. Avant de fuir la France devant la montée du nazisme et l'imminence de la guerre, il poursuivit son travail de collecte d'archives et de témoignages, se rendant chez Maillol, à Banyuls* et, pendant l'été 1938, dans son atelier de Marly-le-Roi.

À l'issue de ces visites, il rédigea un article, *Les Ateliers de Maillol,* paru dans *Le Point,* en novembre 1938, suivi d'un livre très important, illustré par de nombreuses reproductions de peintures, de sculptures et de dessins*, choisies en accord avec l'artiste.

Son ouvrage, qui présente toutes les facettes de l'art de Maillol, insiste, à la suite de Judith Cladel*, sur la « calme beauté » de ses sculptures et sur sa capacité à modifier les formes « sans tourment ni doute ». En défendant des lieux communs tels que la « simplicité » de l'œuvre de Maillol et en réduisant le travail d'interprétation du sculpteur à un sens de la fabrication, Rewald accréditait les analyses de Denis* et de Mirbeau* qui voyait en lui un artiste-artisan, c'est-à-dire un artiste non intellectuel.

John Rewald rendit une dernière visite au sculpteur à Banyuls, en mars 1941. IC

József Rippl-Rónai, *Aristide Maillol,* 1899. H/t 100 × 175. Paris, Orsay.

◼ Rippl-Rónai (József)

Après avoir étudié pendant deux ans la peinture à Munich, le jeune artiste hongrois József Rippl-Rónai (1861-1927) arriva à Paris en 1887 où il travailla sous la direction de son compatriote, le peintre Mihaly Munkacsy. Sa rencontre avec Maillol eut lieu trois ans plus tard par l'intermédiaire d'un ami commun, le peintre symboliste* d'origine écossaise James Pitcairn-Knowles. Les deux artistes, qui étaient exactement contemporains, se prirent d'une vive amitié*. Ils se fréquentèrent beaucoup et entretinrent une correspondance suivie. La première lettre connue de Maillol à Rippl-Rónai date de 1894, l'année même où celui-ci venait de remporter un premier succès au Salon* avec le portrait de sa grand-mère, remarqué par les Nabis*. À l'issue de cet événement, plusieurs membres du groupe, Thadée Natanson à leur tête, lui rendirent visite à Neuilly-sur-Seine, où il habitait depuis l'année 1892 en compagnie de James Pitcairn-Knowles. C'est probablement là que Maillol rencontra les Nabis pour la première fois. « Bonnard*, Vuillard*, Vallotton, Roussel et, je crois, Maurice Denis* étaient d'accord pour rendre justice à l'inconnu. Tout à fait inconnu, car nous ignorions encore Maillol dont ce Rippl-Rónai était déjà l'ami. » Partagé entre idéalisme et réalisme, l'art de Rippl-Rónai s'orienta sous l'impulsion de Maillol vers la tapisserie* et la broderie que Lazarine Boudrion, sa compagne, réalisait d'après ses cartons. En 1899, il séjourna à Banyuls* avant de s'installer définitivement en Hongrie. Sa correspondance avec Maillol se poursuivait jusqu'en 1921. IC

En 1938, Frantz Jourdain obtint pour Maillol la commande d'un monument en hommage à l'écrivain pacifiste Henri Barbusse (1873-1935). Le sculpteur, qui aimait Barbusse, par ailleurs un de ses premiers admirateurs, accepta aussitôt.

Avant de commencer, il fit un dessin* grandeur nature, au fusain et à la craie, pour lequel je servis de modèle. Ce dessin de 1938 (qui a rejoint récemment les collections du musée Maillol) représente l'œuvre telle que l'artiste la souhaitait.

Le crédit voté par le Comité Henri Barbusse, Maillol choisit Robert Couturier comme praticien*. *La Rivière* sera assemblée par le sculpteur à partir du plâtre de *La Montagne* (ill. p. 74-75), une autre de ses œuvres monumentales (voir Marcottage).

Mais bientôt la Seconde Guerre* mondiale éclate et le Comité ne peut faire face à ses engagements. Maillol écrit à son praticien, le 6 avril 1940, que, ne pouvant être réglé par le Comité, il le paiera lui-même immédiatement et reprendra sa statue qu'il gardera pour lui. Il accompagne ses lettres à Couturier de croquis donnant des indications de travail. La position du bras devra être changée par l'artiste dès qu'il sera en mesure de venir la corriger. Mais, la même année, Couturier est fait prisonnier. Pendant la durée de sa captivité, de

1940 à 1943, la statue restera intouchée dans son atelier, à Paris.

En novembre 1943, Maurice Denis* décède. Maillol vient à Paris enterrer son vieil ami*. Libérée de la prison de Fresnes grâce à Arno Breker*, j'accompagne le sculpteur chez son praticien : il peut enfin travailler à la correction de son œuvre.

La Rivière existe en trois états : le premier, avec la main à l'envers, qui a été photographié dans l'atelier de Couturier ; le second, sans socle, dont Maillol parle dans une lettre de 1940 adressée à son praticien ; et, enfin, la version définitive sur laquelle l'artiste travailla en novembre 1943 – La Rivière telle que nous la connaissons – sa dernière statue monumentale. La Rivière est une œuvre dramatique, presque tourmentée ; la violence qui submerge alors l'Europe semble y avoir laissé sa trace, dans le mouvement complexe du corps résistant au flot invisible d'une eau torrentueuse. DV

La Rivière,
1938-1943.
Plomb 124 × 230 × 163.
Paris, fondation DinaVierny,
musée Maillol.

▨ Rodin (Auguste)

Après le succès de son exposition personnelle à Paris en 1900, Auguste Rodin (1840-1917) domine la scène de la sculpture européenne. Tandis que Bourdelle* et bien d'autres se forment dans son atelier, Maillol se veut réfractaire à son influence. Cependant l'admiration qu'il éprouve pour ce « dieu bienveillant » ne le laisse pas indemne. Rodin découvre Maillol lors de l'exposition organisée par Vollard*, en 1902, où *Léda** fait une grande impression sur lui : « Ça attire l'œil parce que ça ne s'affiche

Madame Robinson devant « Les Bourgeois de Calais ». Photographie anonyme, épreuve gélatino-argentique. Paris, musée Rodin.

pas », apprécie-t-il, avant de faire l'acquisition d'une petite *Baigneuse*. En 1904 il fait connaître Maillol à Kessler* qui emmène immédiatement le jeune artiste à Londres. Ils s'embarquent à Calais, ce qui permet à Maillol de voir le fameux groupe des *Bourgeois* : « C'est la plus belle œuvre moderne. Quelle émotion ! » écrit-il sur le champ à Rodin. Les relations entre les deux artistes, étroites jusqu'en 1908, durent jusqu'à la fin de la vie de Rodin. Si *L'Action* enchaînée ou *Le Cycliste** apparaissent comme de véritables hommages du cadet à son aîné, ce que celui-ci apprécie surtout chez Maillol, c'est la faculté qu'il lui reconnaît de ressusciter les grandes qualités de la sculpture antique : « C'est tout aussi beau qu'une statue grecque, s'émeut-il en 1911 devant *L'Été* encore inachevé. C'est tout à fait bien, tout à fait bien ça… » ALNR

▨ Ronde-bosse

Si le bas-relief* se regarde de face, la ronde-bosse est faite pour que l'on tourne autour ; elle se définit par ses rapports avec l'espace, par les vides autant que par les pleins. Très attentif à la nature vivante, Auguste Rodin* travaille par profils : observant son modèle de tous côtés, n'hésitant pas à grimper sur une échelle pour étudier un crâne, il incite le spectateur par la composition en spirale ou par un geste* en suspens à découvrir la figure sous tous les angles. Il en explore toutes les possibilités, la réduisant à l'essentiel, la combinant à une autre forme à laquelle il découvre soudain qu'elle répond, l'agrandissant ou la multipliant, ainsi qu'il le fit par exemple avec *Les Ombres* qui couronnent *La Porte de l'Enfer*. En revanche, Maillol ou Joseph Bernard privilégient un point de vue et simplifient la figure : pas de torsion, pas de membres superposés, ce qui nuirait à la clarté de la composition, mais des éléments distincts, définis chez Maillol avec la clarté du soleil méditerranéen, chez Bernard avec plus de souplesse et la recherche d'un rythme musical. ALNR

■ SALON
La fin des privilèges

Avant la création et la multiplication des galeries d'art, le Salon (ainsi nommé car au XVIIIe siècle il se tient dans le Salon carré du Louvre) est le seul lieu de contact possible entre les artistes et leur public. Son importance culturelle est donc considérable. Mais les contestations peu à peu suscitées par les choix du jury chargé de l'organiser, aboutissent en 1881 à la création de la Société des artistes français, la responsabilité de la sélection des œuvres étant désormais confiée à un comité élu par les artistes eux-mêmes. Ce jury se montre toutefois aussi sévère que l'ancien, et on voit apparaître, en 1884, la Société des artistes indépendants qui a pour maxime « ni jury, ni récompense », puis, en 1889, la Société nationale des beaux-arts fondée par Rodin*, Meissonier et Puvis* de Chavannes. La Société des artistes français devient donc le bastion de l'académisme, tandis que le salon de la Nationale se veut ouvert aux tendances les plus modernes, ce qui n'empêche pas la direction des Beaux-Arts d'y faire des achats pour les bâtiments officiels et les musées.

Dans le domaine de la sculpture, le Salon est dominé par la personnalité de Rodin qui y attire les jeunes artistes de son entourage (Camille Claudel, Bourdelle*, Maillol qui y présente ses tapisseries* et ses premières sculptures sur bois*). Dans les années 1890 s'y succèdent le naturalisme, avec le Belge Constantin Meunier, le symbolisme* et l'Art Nouveau. C'est là que sont présentées quelques-unes des œuvres annonciatrices de l'évolution de la sculpture au XXe siècle : le *Balzac* de Rodin (1898, ill. p. 102), les œuvres fragmentaires que celui-ci expose après 1900 *(Torse de jeune fille cambré,* 1910) ou l'*Héraklès archer* de Bourdelle (1910). C'est cependant le Salon* d'automne qui a les préférences de Maillol. ALNR

■ Salon d'automne

Le Salon d'automne est né en 1903. Il sera le théâtre de manifestations décisives pour l'art moderne et son influence sera élargie par des présentations annexes organisées en hommage aux artistes récemment décédés qui y auront souvent leurs premières rétrospectives, comme Gauguin* en 1906 et Cézanne en 1907…

Le Salon d'automne de 1905 restera l'un des plus célèbres : le fauvisme y éclate, et Maillol s'y impose avec le plâtre de *La Méditerranée**. « L'année précédente, M. Georges Desvallières avait dû "se battre" pour faire admettre au Salon l'envoi de Maillol, deux terres* cuites et deux bronzes* demi-nature, raconte Judith Cladel*. Placé devant une toile du Douanier

Émile-Antoine Bourdelle, *Héraklès archer*, 1910. Bronze doré, 248 × 247. Paris, Orsay.

Rousseau, un combat d'animaux dans une forêt des Tropiques, beau comme une tapisserie barbare, ce bloc de jeune chair apparut en la plénitude de ses volumes et, sous quelque angle qu'on le regardât, d'un inattaquable équilibre*. » Parallèlement, ce même Salon d'automne présente une rétrospective Manet et le fameux *Bain Turc* d'Ingres. Maillol continuera de participer à ces expositions : *La Nuit* et *Le Cycliste*, en 1909, puis *Pomone*, en 1910, y seront particulièrement remarqués par les collectionneurs et la critique internationale. JLD

La Méditerranée,
premier état,
1900-1902.
Plâtre 118 × 142.
Paris, Orsay.

▪ Scandales

Maillol déformait le corps humain en exagérant le volume des jambes. Cela choquait au

Henri Matisse
devant
le *Monument
à Auguste Blanqui*
à Puget-Théniers.

plus haut degré les tenants de l'académisme et les membres de l'Institut, qui étaient, à l'époque, encore tout puissants en France. Aujourd'hui, où aucune déformation ne choque plus personne, on assimile facilement Maillol aux « artistes figuratifs », oubliant à quel point il était perçu comme réfractaire aux codes traditionnels. Jusque dans les années 1920, Maillol scandalisait franchement les bienpensants de l'art statuaire, lesquels disaient « laid comme Maillol ».

L'artiste n'eut pas plus de chance avec les commandes municipales, difficilement obtenues par les incessants efforts de ses amis*. En 1925, Aix-en-Provence refusa le *Monument à Paul Cézanne** : « Pensez, une femme nue*, quelle horreur ! »

La pire expérience du genre fut pour Maillol la réaction de la ville de Puget-Théniers devant son *Monument à Auguste Blanqui*. Il ne fut jamais inauguré officiellement et provoqua un beau scandale : « Mais c'est de l'art cela ? » Le curé, indigné, refusait de faire passer les communiants dans la rue où était placé le bronze*, près de l'église. Il parla même de ne plus dire la messe si le « monstre » n'était pas enlevé. *L'Action* enchaînée fut déplacée. Alors que l'artiste avait demandé un socle bas, on la hissa sur un haut socle entouré d'une grille.

En 1921, Maillol reçut de Port-Vendres la commande d'un monument* aux morts. Il commença par sculpter une jeune fille allongée dans l'esprit de son *Monument à Cézanne*, mais en plus frêle. Le conseil municipal venu voir les progrès de son travail fut scandalisé : « Une femme nue, c'est impossible. Voilez-nous cela monsieur Maillol ! » L'artiste était découragé. « Je n'ai pas eu le temps de sculpter la fleur d'acanthe pour la mettre dans sa main ; il a fallu l'abandonner… » Furieux, il attaqua une grande figure drapée de toutes parts. Mais au fur et à mesure qu'il sculptait, il allégea les voiles. C'est l'actuel *Monument de Port-Vendres,* que l'on peut voir, en pendant avec le *Monument à Cézanne,* dans les jardins des Tuileries*. DV

■ Sérusier (Paul)

Chef de file du groupe des Nabis*, Paul Sérusier (1864-1927) occupa une place charnière entre, d'une part, l'école de Pont-Aven et l'enseignement de Gauguin*, et, d'autre part, l'épanouissement d'une peinture à caractère spirituel et symbolique. Son art, où se mêle mysticisme et réalisme, sa technique usant d'aplats, et de lignes sinueuses et décoratives évoquant la tapisserie*, ainsi que sa thématique à caractère traditionnel, voire médiéval et résolument anti-moderne, présentaient de multiples points communs avec les créations de Maillol. Tous deux utilisaient la couleur en aplats et refusaient la perspective traditionnelle, préférant traiter l'espace en deux dimensions. Sérusier s'intéressait à une vision éternelle de l'humanité où la femme apparaissait tantôt humble paysanne ou lavandière, tantôt mystérieuse prêtresse ou maîtresse des forces de la nature. Sérusier comme Maillol croyaient à des « principes immuables en art », mais là où le premier développa un symbolisme* doctrinaire, le second s'épanouit dans une vision atemporelle, poétique et sensuelle de l'humanité. IC

Paul Sérusier, *Les Lavandières à la Laïta*, 1892. H/t 73 × 92. Paris, Orsay.

Source (La)

Ce nu féminin se détachant sur un drapé dont la disposition évoque des sources jaillissantes, fait partie des plus anciennes sculptures de Maillol, des bois* réalisés en taille* directe, pendant les loisirs que lui laissait son atelier de tapisserie*, à Banyuls*. Il constitue, du point de vue technique autant que stylistique, une étape importante entre les premiers reliefs* et les *Baigneuses* en ronde-bosse*. Comme les tapisseries et les reliefs, cette statuette témoigne d'une influence manifeste de l'Art Nouveau, en particulier dans la disposition un peu maniérée des mains enroulées dans un pan de drapé. Cependant la volonté de simplification qui caractérisera l'œuvre de Maillol, est déjà sensible dans la composition bâtie sur une série de lignes parallèles et d'angles droits, ainsi que dans le traitement du nu* au modelé* peu détaillé. On sait pourtant, grâce à Judith Cladel*, que l'artiste avait été aidé par sa belle-sœur qui voulut bien lui montrer sa jambe alors que, les mœurs étant restées sévères à Banyuls, il n'avait pas à sa disposition de modèle qui acceptât de poser nu. *La Source* appartint à Henri Lerolle, peintre et collectionneur, lié en particulier à Maurice Denis*.
ALNR

Statuomanie et monuments publics

Dans la seconde moitié du XIXe siècle la France se couvre de monuments publics.
Généralement financés par souscription, ils ont pour but à la fois de rendre hommage aux grands hommes et d'inciter les contemporains à suivre leur exemple. Ces monuments doi-

Auguste Rodin, *Balzac*, salon de la Société nationale des Beaux-Arts, 1898. Photographie d'Eugène Druet. Épreuve gélatino-argentique 39 × 29,5. Paris, musée Rodin.

La Source, 1898. Bois, h. 35. Paris, fondation Dina Vierny, musée Maillol.

vent être immédiatement compréhensibles : un socle élevé met en valeur le statufié, reconnaissable aux traits de son visage, à son costume, à son attitude. Des figures allégoriques ou des bas-reliefs anecdotiques représentent les événements marquants de son existence et complètent la représentation.
Rodin* puis Maillol se libéreront des attributs imposés par la fonction commémorative du monument public. Pour son *Balzac* (1898), Auguste Rodin, partit d'une étude attentive du romancier, mais supprima peu à peu, tous les détails réalistes ou pittoresques pour ne garder qu'une silhouette monumentale et simplifiée, guidant le regard vers le visage traité de façon presque expressionniste : plutôt que de décrire un personnage historique, il voulut suggérer la puissance de création de l'auteur de *La Comédie humaine*. Scandalisée par la violence de cette image, la Société des gens de lettres, qui avait commandé la figure, la refusa ; mais Rodin avait ainsi ouvert la voie à une nouvelle conception du monument public dont Maillol fit son profit pour le *Monument à Blanqui* (*Action enchaînée**).
ALNR

103

■ SYMBOLISME
Objectiver l'idée

Le symbolisme, courant artistique majeur de la seconde moitié du XIXe siècle, traversa toute l'Europe touchant aussi bien les arts plastiques que la littérature et la musique. À travers le symbole, ce mouvement visait, tout à la fois ou séparément, la traduction de l'Idée, l'expression des aspirations spirituelles, du mystère du rêve, d'un monde au-delà du tangible. En Angleterre, l'école des préraphaélites est fondée dès 1848. En France, parallèlement au réalisme, s'affirment dans les années 1860 des personnalités originales, Gustave Moreau « raffiné et bizarre » (Th. Gautier), Puvis* de Chavannes, ou Odilon Redon et ses visions de « cauchemar transporté dans l'art » (J.-K. Huysmans).

Gustave Moreau,
Le Lion amoureux,
1881.
Aquarelle
et rehauts
de gouache,
37 × 23,8.
Coll. part.

Le symbolisme, expression d'un monde intérieur, s'opposait à une interprétation purement objective de l'univers. Pour Claude Morice, le référent ultime de l'œuvre d'art se trouvait moins dans la nature que dans la vision intérieure de l'artiste. L'expression transcendait la forme pour devenir signe. Sérusier* et d'autres Nabis* introduisirent dans leurs tableaux des symboles universels, connus depuis l'Antiquité. Gauguin* et Denis* cherchèrent, quant à eux, une expression personnelle – synthétiste* et idéaliste – pour traduire leurs préoccupations spirituelles. La forme n'était que le réceptacle de l'émotion qui la modelait, la déformait. Le courant expressionniste fut surtout illustré par Van Gogh. La peinture de Cézanne, à l'instar de la sculpture de Maillol, avec ses déformations contrôlées de la réalité, occupait une position charnière entre vision objective et conception subjective de l'art.

L'esthétique symboliste n'était pas le produit d'une théorie singulière mais se manifesta, bien au contraire, sous des formes multiples, en réaction contre l'art du réel, le naturalisme bourgeois et le positivisme scientifique. Pour Maurice Denis, qui publia un manifeste du symbolisme en 1890, il était « l'art de traduire et de provoquer des états d'âme au moyen de rapports de couleurs et de formes » et la peinture, essentiellement décorative, se définissait comme « une surface plane recouverte de couleurs en un certain ordre assemblées ». L'année suivante, Albert Aurier publiait à son tour un important article dans *Le Mercure de France* sacrant Gauguin chef de file du symbolisme français. IC

Joseph Bernard,
*Effort vers
la nature*, 1906.
Pierre, 32 × 23.
Paris, Orsay.

■ Taille directe

Même s'il aime à laisser croire que, tel Michel-Ange, il lutte lui-même avec le bloc de marbre, le sculpteur du XIXᵉ siècle fait appel à un praticien* pour traduire en marbre son modèle en plâtre. À la fin des années 1880, la pratique de la taille directe reparaît cependant grâce à des artistes qui, saisis d'un grand désir de sincérité, vont tailler d'abord le bois* (Paul Gauguin*, Georges Lacombe, Maillol) puis la pierre ou le marbre, sans jamais faire appel aux procédés mécaniques de report. Prenant le risque de manquer de matière à la suite d'erreurs de calcul, ils s'efforcent de rester aussi proches que possible du matériau initial dont la forme inspire l'œuvre : les *Baigneuses* longilignes de Maillol (Stedeljik Museum d'Amsterdam et fondation Reinhart à Winterthur) ont visiblement pris naissance dans une poutre cylindrique, tandis que *La Danseuse* (ill. p. 82) ou

La Femme à la mandoline (ill. p. 34) s'inscrivent parfaitement dans le format circulaire d'une rondelle débitée dans un tronc d'arbre.

Toutefois c'est Joseph Bernard qui franchit l'étape décisive, attaquant des blocs de pierre ou de marbre de grandes dimensions pour en faire sortir « la nymphe prisonnière ». L'*Effort vers la nature,* au titre significatif, *La Danse* (1911-1912, musée d'Orsay) et le *Monument à Michel Servet* (1908-1911, Vienne) témoignent de la maîtrise à laquelle il atteint. Très dure physiquement, la taille directe tire son succès du fait qu'elle apparaît comme une forme de réaction contre Rodin* et la virtuosité académique. Elle est adoptée par des jeunes artistes : Amedeo Modigliani, Henry Moore, Constantin Brancusi, André Derain, ou Jacob Epstein dont le *Taureau ailé* (1912), placé sur la tombe d'Oscar Wilde au cimetière du Père-Lachaise, est considéré comme un tour de force. ALNR

■ Tapisserie

Jan Verkade, un des peintres du mouvement nabi*, proclamait : « À bas la perspective, le mur doit rester surface… Il n'y a pas de tableaux, il n'y a que des décorations. » Maillol partage cette conception qui abolit la hiérarchie entre les arts majeurs – peinture et sculpture – et les arts décoratifs. À partir de 1890, il se tourne vers la tapisserie et fréquente assidûment le musée de Cluny où il peut admirer le cycle de *La Dame à la licorne.* Il crée un atelier de tissage à Banyuls*, engage des ouvrières et compose ses premiers cartons. Passionné autant par cette technique, nouvelle pour lui, que par les possibilités

plastiques qu'elle offre, Maillol n'utilise que des laines très pures.

Il réintroduit aussi l'emploi de pigments naturels comme le rouge de la colchique qu'il va chercher lui-même dans la montagne. *Le Jardin enchanté* de 1895 est une œuvre exubérante

de couleurs. Elle témoigne du désir qu'a Maillol de restituer le climat du merveilleux propre au Moyen Âge. Elle indique également la volonté d'appliquer la leçon des estampes japonaises (voir Japonisme) en abolissant l'effet de perspective et en faisant côtoyer plusieurs plans simultanément. BL

La Petite Baigneuse, 1900 . Bois h. 80. Winterthur, Museum Stiftung Oskar Reinhart.

Le Jardin enchanté, v. 1895. Tapisserie 190 × 105. Paris, fondation Dina Vierny, musée Maillol.

*La Femme
à l'épine (Femme
se tenant le pied),*
1923. Terre cuite
15 × 16 × 13,5.
Paris, fondation
Dina Vierny,
musée Maillol.

■ Terres cuites

Les premières terres cuites modelées et cuites par Maillol étaient pleines, mais creuses à l'intérieur pour donner de l'air. C'étaient des modèles uniques dont peu ont survécu.

Celles que l'on peut encore voir aujourd'hui sont le plus souvent les reprises d'un même sujet, estampées par l'artiste d'après un plâtre original et éditées en six exemplaires. Maillol eut très tôt recours à la technique de l'estampage. Il employa les terres rouges du Midi de la France, la terre blanche de Marly, la terre ocre de la région parisienne. Il patina quelques fois ses œuvres.

À partir de 1905, Maillol commença à employer intensivement le bronze* pour ses statuettes, et laissa l'estampage et la cuisson des terres cuites à un praticien*. L'un des meilleurs fut, en ce domaine, Jean van Dongen. L'artiste n'intervenait plus qu'avant la cuisson, corrigeant, enlevant les coutures et signant les pièces.

Il est à noter que les modèles en plâtre d'un même sujet étaient différents selon qu'ils étaient destinés à être édités en terre ou en bronze. Ils n'avaient, par ailleurs, pas le même format*. Les modèles des terres cuites ont tous été détruits après la mort de Maillol. DV

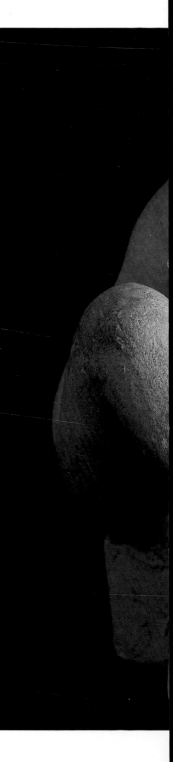

« *Quand le mouvement est donné
avec excès, il est figé : ce n'est plus la vie.
L'immobilité que crée l'artiste
n'est pas du tout la même que celle
de la photographie. L'œuvre d'art
contient une vie latente,
des possibilités de mouvement.* »

Maillol, d'après J. Cladel, 1937.

Toute sa vie, Aristide Maillol rêva de voir ses œuvres exposées dans les jardins des Tuileries. Le *Monument à Cézanne** ayant été refusé par la ville d'Aix-en-Provence mais acheté par l'État, Maillol demanda à ce qu'il fût installé aux Tuileries, ce qu'on lui refusa. Ce n'est qu'en 1929 que le *Monument à Cézanne* y prendra finalement place entre deux escaliers.

Après la Seconde Guerre* mondiale, voyant que la sculpture en pierre se détériorait, je proposai à Jean Cassou de présenter celle-ci au Musée national d'Art moderne – dont il était le directeur – et de la remplacer dans le jardin par une statue en plomb, tirée du plâtre original que Maillol destinait à cet usage. Jean Cassou fit accepter le projet… mais le plomb resta dans les entrepôts et la pierre dans le jardin.

André Malraux, ministre de la Culture à partir de 1959, demanda à me rencontrer. En un quart d'heure, cet homme de génie résolut la question de l'emplacement du *Monument à Cézanne,* qui était en discussion depuis 1925. Il me proposa ensuite de présenter dans le jardin du Carrousel – du pavillon de Flore au pavillon de Marsan – l'œuvre monumentale de Maillol, si j'en faisais don à la France. Le projet aboutit et dix-huit sculptures prirent place aux Tuileries, entre 1963 et 1964.

Momentanément transportées près du bassin octogonal pendant le chantier du Grand Louvre, elles ont retrouvé, depuis 1995, leur place dans les jardins du Louvre et du Carrousel. Deux autres statues monumentales sont venues enrichir cet ensemble, portant à vingt le nombre des sculptures de Maillol présentées dans les jardins des Tuileries. Outre *Le Monument à Paul Cézanne,* se trouvent parmi elles plusieurs œuvres maîtresses de l'artiste : *L'Action* enchaînée (Monument à Auguste Blanqui), L'Air*, La Méditerranée*,* le *Monument* aux morts de Port-Vendres, La Nuit, Les Trois Nymphes*, La Rivière* (Monument à Henri Barbusse)* et *Les Saisons (L'Été, Flore, Pomone** et *Le Printemps).* DV

La Douleur, 1921.
Bronze 155 × 110.
Paris, jardins des Tuileries.

■ Vague (La)

Le thème de ce tableau de 1898 a peut-être été inspiré par l'une des œuvres de Gauguin* intitulée *Ondine* (ill. p.59) et dont Maillol possédait une version, ou par les estampes japonaises (voir Japonisme) qui représentaient fréquemment cette image de la jeune fille et des flots. Mais cette peinture est surtout le point de départ d'une durable recherche qui donnera naissance à plusieurs œuvres. On y voit le corps d'une femme

La Vague, 1898.
H/t 95,5 × 89.
Paris, Petit Palais.

dressée, avec un mouvement de repli du bras et de la jambe. Maillol reprendra ce sujet en tapisserie*, inscrivant la figure, cette fois assise, sur un fond de végétation. Puis il la transposera en relief et enfin en ronde-bosse*, créant l'une de ses plus importantes sculptures, *La Méditerranée**. Petit à petit, il resserre le corps, le referme, pour le plier à une perfection fondée sur la géométrie et l'architecture. Cette même silhouette qui ne cesse d'évoluer au fur et à mesure de l'œuvre de Maillol, témoigne de l'extraor-

Vénus,
1918-1928.
Bronze, h. 176.
Coll. part.

dinaire continuité de son art : bien d'autres figures voyageront ainsi des premières peintures aux tapisseries, des tapisseries aux premières sculptures et, enfin, de dessins* et d'études pour ou d'après les premières statues jusqu'à de nouvelles variations sculptées… BL

■ Vénus

Au Salon* d'automne de 1928, Maillol présente une *Vénus* parée d'un collier qu'elle soulève avec une coquetterie qui n'affecte en rien la sérénité classique de son visage ; un léger *contraposto* anime sa silhouette d'un rythme musical, encore plus évident dans la version *sans collier* car il semble alors se prolonger jusque dans les belles mains inversement symétriques qui ne retiennent que le vide. Cette figure est l'aboutissement d'un long travail entrepris à partir d'un dessin*, sans but défini. Comme à son habitude, Maillol commence par le torse, son élément de prédilection, dont il existe plusieurs états. La difficulté vient avec les membres : « Comment disposer [les bras] sans nuire au contour harmonieux de l'ensemble, à sa plénitude parfaite ?… C'était son grand tourment, rapporte son ami Pierre Camo. Aussi trouvait-il la *Vénus de Milo* d'autant plus admirable qu'elle nous est parvenue sans bras. Ils n'ajouteraient rien à sa beauté, me disait-il, ils risqueraient peut-être de lui nuire. »
Si les jambes de sa propre *Vénus* tourmentent longtemps Aristide Maillol, en revanche il était particulièrement satisfait de la ligne des hanches : « Voici le plus beau, disait-il en suivant les lignes du flanc droit. Il est très difficile de faire une femme debout. » ALNR

Dina Vierny
à dix-sept ans.
Photographie
de Pierre Jamet.

Vierny (Dina)

En 1934, l'architecte Dondel présente au sculpteur Maillol une jeune fille d'origine russe ; elle s'appelle Dina Vierny. Son corps ressemble étrangement à l'objet des recherches que mène Maillol depuis de nombreuses années et elle devient la principale inspiratrice de son œuvre. Dina Vierny pose pour des sculptures monumentales comme *La Montagne* (1936, voir *La Rivière), L'Air** (1938) et *Harmonie** (1940-1944), qui restera inachevée. Elle sera son modèle pendant dix ans, soit pour des sculptures, soit pour des dessins*, des pastels ou des peintures. Elle collabore également à la classification de toute l'œuvre réalisée par l'artiste. Elle sera aussi le modèle de Matisse*, de Raoul Dufy et de Bonnard* qui peindra d'après elle *Le Grand Nu sombre*. Après la mort d'Aristide Maillol, Dina Vierny fait don en 1965 à l'État français de l'ensemble de la sculpture monumentale présen-

« Mademoiselle, il paraît que vous ressemblez à un Maillol et à un Renoir, je me contenterai d'un Renoir. »

Lettre de Maillol à Dina Vierny.

tée dans les jardins des Tuileries*. Directrice de galerie d'art, elle expose notamment les premières œuvres de Polliakoff et révèle des artistes comme Ilya Kabakov. En 1995 elle ouvre à Paris un musée Maillol qui réunit l'ensemble de l'œuvre de l'artiste ainsi que de nombreuses collections. BL

Vollard (Ambroise)

Issu d'une famille aisée de la Réunion, Ambroise Vollard (1868-1939) vint à Paris pour suivre des études de droit. Il abandonne bientôt cette voie au profit de l'art, qu'il a découvert sous forme de gravures glanées chez les bouquinistes des quais de la Seine. La première toile qu'il achète est de Félicien Rops. Il apprend les rudiments du commerce de l'art à la galerie de l'Union des artistes. Comparé à l'immobilisme des marchands de son époque, Vollard se distingue en prenant contact avec les artistes vivants et en voyageant pour entrer en relation directe avec les amateurs et les musées.

Il rencontre ainsi Degas, puis la veuve d'Édouard Manet qui lui vend des études du peintre. Vollard fait ses débuts dans la profession avec la petite exposition Manet qu'il organise dans sa galerie, rue Laffite, en 1893. Berthe Morisot, amie de Manet, le recommande à Renoir*. Apprenant par celui-ci que Cézanne est le seul grand impressionniste sans marchand attitré, il achète cinq de ses tableaux, à la vente Tanguy, en 1894. Puis il obtient une entrevue avec l'artiste, grâce à l'entremise du fils de ce dernier : Vollard organise la première exposition Cézanne, dans sa galerie, en décembre 1895. Sa carrière prend alors son essor.

En Hollande, il retrouve les héritiers de Vincent Van Gogh dont il obtient plusieurs œuvres qui lui permettent d'organiser la première rétrospective consacrée à ce peintre. Vollard est également à l'origine des premières expositions de Matisse* et de Picasso.

Grand amateur de lithographies, il en publie de remarquables albums, principalement de celles d'Odilon Redon. On ne peut, hélas, être aussi élogieux à propos des bronzes*, qu'il édite d'après les œuvres de Maillol ; ces fontes réalisées sans soin et en nombre illimité, lui vaudront d'être surnommé « Vollard-voleur » par Maillol. Néanmoins, la notoriété du marchand égale en peu de temps celle d'un Durand-Ruel. Il prendra la plume pour écrire ses *Souvenirs d'un marchand de tableaux* et d'autres ouvrages consacrés aux artistes qu'il a fréquentés. DV

Ambroise Vollard.

■ Vuillard (Édouard)

« Une des joies de ma vie, confiait Maillol à Judith Cladel* à la fin de sa vie, est d'avoir fait la conquête d'un Roussel, d'un Bonnard*, d'un Vuillard et mon plus grand regret, de les voir trop rarement aujourd'hui. » Ces trois artistes formaient au sein du groupe des Nabis* un petit cercle indépendant, détaché des théories spiritualistes défendues par un Sérusier* ou un Ranson. Vuillard (1868-1940) comptait parmi les premiers peintres nabis à avoir connu Maillol en 1894. Séduit par ses tapisseries*, il lui présenta l'année suivante le prince Emmanuel Bibesco, collectionneur et mécène d'origine roumaine, qui « lui avança les frais d'une tapisserie nouvelle et fit venir des laines filées

Édouard Vuillard, *Portrait de Maillol*, 1930-1935. H/t 115 × 118. Paris, Petit Palais.

par des paysannes roumaines ». Il s'agissait du *Concert de femmes,* exposé au Salon* de 1895 et dont Gauguin* déclara qu'il était le « plus bel objet du Salon ». À la suite de cette opération, Vuillard multiplia les actions pour tirer Maillol de son isolement et lui apporter de l'aide. En 1900, il fit venir Vollard* dans son atelier de Villeneuve-Saint-Georges.

À cette époque, Maillol façonnait de délicates statuettes en terre* cuite, mi-tanagras, mi-statuettes chinoises, dont la fluidité et l'expressivité contenue avaient séduit Vuillard. Vollard, tombé à son tour sous le charme de ces jeunes filles, finança la construction d'un four et acheta ces terres cuites pour les faire couler en bronze*. Vuillard se trouva ainsi étroitement associé aux débuts de Maillol dans la sculpture. Il fit aussi partie, avec Renoir*, Monet, Matisse*, Bonnard et Maurice Denis*, du comité d'artistes présidé par Frantz Jourdain* qui, par une vente de leurs œuvres, commanditèrent en 1911 le *Monument à Paul Cézanne*.* IC

1861 Naissance d'Aristide Bonaventure Jean Maillol à Banyuls-sur-Mer, quatrième enfant de Raphaël Maillol, drapier et propriétaire de vignes, et de Catherine Maillol. Aristide est élevé par ses tantes Claire et Lucie.

1873 Mac-Mahon (1808-1898), premier président de la IIIᵉ République.

1874 Après l'école primaire, Maillol est inscrit au collège Saint-Louis de Perpignan. Seuls les cours de dessin donnés par un professeur d'origine polonaise, Hyacinthe Alchimovitch, l'intéressent. Il a treize ans quand il peint son premier tableau, une marine, *La Passe d'Ouve*, représentant le port de Banyuls.
Première exposition impressionniste.

1877 Mort de Raphaël Maillol, qui laisse sa famille dans une certaine précarité matérielle.
Jules Grévy, président de la République.

1879 Renvoyé du collège, Aristide Maillol revient à Banyuls, où mûrit son intention de devenir peintre. L'année suivante, le phylloxéra décime le vignoble, seule source de revenus pour la famille depuis la mort du père.

1881 Maillol retourne à Perpignan pour suivre des cours de dessin au musée avec son ancien professeur de collège. Mais il décide de poursuivre ses études à Paris, et de se consacrer à la peinture.

1882 À Paris, il obtient un modeste soutien financier de sa tante Lucie, auquel vient s'ajouter, jusqu'en 1892, une bourse annuelle du département des Pyrénées-Orientales. Il loue une chambre rue des Vertus. En tant qu'auditeur libre, il suit des cours de dessin aux Beaux-Arts. Jusqu'en 1885, il tentera plusieurs fois le concours d'entrée de cette école, sans succès.

1885 Il parvient enfin à intégrer l'École des beaux-arts, où il restera jusqu'en 1893, d'abord dans l'atelier d'Alexandre Cabanel, puis dans celui du peintre Jean-Paul Laurens.

1886 Dernière exposition impressionniste. Seurat peint *Un dimanche après-midi à l'île de la Grande-Jatte*. Gauguin est à Pont-Aven.

1889 Maillol se lie d'amitié avec Bourdelle et le peintre Monfreid qui lui fait rencontrer Gauguin. L'influence de ce dernier se ressent fortement dans les toiles que Maillol peint ces années-là : *Les Lavandières*, *L'enfant couronné*, *La Femme à l'ombrelle*.

1890 Maillol expose au Salon des artistes français le *Portrait de Jeanne Faraill*.
Maurice Denis, théoricien du mouvement nabi, publie *Le Néo-traditionnisme*.

1893 Maillol présente pour la première fois au salon de la Société nationale des beaux-arts une tapisserie. Il créé à Banyuls un atelier de tapisseries où il emploie les deux sœurs Clotilde et Angélique Narcisse, qui lui servent aussi de modèles.

1894 Auguste Rodin achève le groupe sculpté *Les Bourgeois de Calais*.
Condamnation du capitaine Dreyfus.

1895 Maillol se tourne vers la sculpture.

1896 Clotilde Narcisse et Aristide Maillol se marient à Paris le 7 juillet et emménagent rue Saint-Jacques. Le 30 octobre naît leur unique enfant, Lucien. Le peintre Rippl-Rónai présente Maillol au groupe des Nabis avec lesquels il expose à la galerie Le Barc de Boutteville. Au salon de la Société nationale des beaux-arts, Maillol expose une tapisserie, trois bois sculptés et une cire.

1897 Toute une vitrine de la section arts décoratifs de la Société nationale des beaux-arts lui est consacrée : il y expose vingt petites sculptures.
Le Balzac de Rodin fait scandale.

1899 Les Maillol s'installent à Villeneuve-Saint-Georges. L'artiste fait la connaissance de Picasso.

1900 Édouard Vuillard lui présente la princesse Bibesco qui devient son premier mécène et lui commande une tapisserie. Vuillard lui présente aussi le marchand Ambroise Vollard.

1902 Du 15 au 30 juin, la galerie Vollard présente la première exposition consacrée exclusivement à Maillol. Y sont présentées trente-trois œuvres, dont *Léda*.

1903 Le couple quitte Villeneuve-Saint-Georges et s'installe à Marly-le-Roi. Maillol fait la connaissance de son plus important mécène, le comte Harry Kessler.

1904 Le comte Kessler visite son atelier. Maillol expose pour la première fois au Salon d'automne, et figure dans l'ouvrage que Meier-Graefe consacre à l'art moderne.

1905 Maillol expose au Salon d'automne *La Méditerranée*, qui est accueillie par une critique enthousiaste d'André Gide, moins favorable aux Fauves qui y font scandale.

1907 Le comte Kessler passe commande à Maillol de deux sculptures : le haut-relief en pierre *Le Désir*, et la statue du jeune *Cycliste* dont le bronze ne sera achevé qu'en 1909.
Picasso achève *Les Demoiselles d'Avignon*. Commence l'aventure cubiste.

1909 Maillol obtient, grâce à Maurice Denis, une commande de quatre grandes statues pour le collectionneur russe Ivan Morosov : *Pomone*, *Flore*, *Le Printemps* et *L'Été*. Il embarque pour un long séjour en Grèce avec le comte Harry Kessler.

1911 Kandinsky peint le *Cavalier bleu*, titre qui sera repris pour le mouvement expressionniste *(Der Blaue Reiter)* dont il est le théoricien.

1913 Kessler loue une grange à Montval, près de Marly-le-Roi, qu'il transforme en papeterie, pour fabriquer un papier conçu par Maillol. Au Rotterdamer Kunstring a lieu la première exposition consacrée à Maillol hors de France.

1914 À la veille de la guerre, Kessler télégraphie à Maillol de prendre la précaution d'enterrer ses statues. Cela sera à l'origine d'une vaste campagne de presse, dans le *Figaro* et dans l'*Action Française*, contre Maillol.

1918 L'armistice est signée le 11 novembre.

1923 Maillol reçoit sa première commande de l'État : une version de *La Méditerranée* en marbre, aujourd'hui au musée d'Orsay.

1924 André Breton publie *Le Manifeste du surréalisme.*

1925 Maillol termine l'*Ile-de-France*. Sa première exposition aux États-Unis a lieu à l'Allbright Art Gallery de Buffalo.

1929 « Jeudi noir » à la Bourse, crise économique mondiale et instabilité politique en France.

1930 Maillol commence la figure féminine qui sera au centre du groupe des *Trois Nymphes*. Il participe à l'exposition « L'Art vivant ». Il visite l'Allemagne en compagnie de Harry Kessler.

1933 Une rétrospective Maillol se tient à la Kunsthalle de Bâle, unanimement saluée par la critique. Le comte Harry Kessler se réfugie en France après l'arrivée au pouvoir de Hitler en Allemagne.

1935 L'architecte Dondel parle à Maillol d'une jeune fille d'origine russe, Dina Vierny. Elle sera son modèle pendant dix ans, jusqu'à la mort de l'artiste.

1936 Léon Blum proclame la non-intervention de la France dans la guerre d'Espagne.

1937 La première grande retrospective de l'œuvre de Maillol se tient au Petit Palais, dans le cadre de l'exposition *Les Maîtres de l'art indépendant*, parallèle à l'Exposition Universelle. Trois salles lui sont consacrées. Il travaille à la pierre de *La Montagne*, commande du musée d'Art moderne. Judith Cladel publie son essai sur la vie et l'œuvre de Maillol. Le comte Kessler meurt à Marseille.
Picasso dénonce le bombardement de Guernica par l'aviation allemande (27 avril) dans son tableau *Guernica* présenté à l'Exposition Universelle de Paris.

1938 L'« Anschluss » : les troupes allemandes entrent à Vienne le 12 mars. Accords de Munich.

1939 Le comité Henri-Barbusse commande à Maillol *La Rivière* pour honorer la mémoire de l'écrivain paci-fiste. L'institut d'Art moderne de Boston organise une exposition Despiau-Maillol. Maillol revient à la peintu-re et s'intéresse à la fresque. En août, Vollard meurt dans un accident de voiture. En septembre, Maillol se retire à Banyuls.
Pacte germano-soviétique et début de la Seconde Guerre mondiale.

1940 Dina Vierny, son modèle, rejoint Maillol à Banyuls. L'artiste travaille à *Harmonie*, qui restera inachevée. Il apporte son aide à la jeune femme qui a monté un réseau de résistance pour faire passer la fron-tière espagnole à des clandestins.
Mise en place du gouvernement de Vichy dirigé par le maréchal Pétain qui rencontre, le 24 octobre, Hitler à Montoire. Appel du général de Gaulle le 18 juin.

1942 Maillol se rend à Paris pour assister à l'exposi-tion d'Arno Breker à l'Orangerie.
En juillet, a lieu la rafle du « Vel d'Hiv » : 13 000 juifs sont arrêtés à Paris. Le 11 novembre, les Allemands occupent la « zone libre ».

1943 Dina Vierny est arrêtée à Paris. À la demande de Maillol, Arno Breker intervient et fait libérer la jeune fille de la prison de Fresnes.
Le 16 février, création du Service du travail obligatoire. Jean Moulin préside la première réunion du Conseil national de la Résistance, le 27 mai.

1944 Maillol rencontre par hasard le docteur Nicoleau, en la compagnie duquel il est victime d'un accident de voiture, le 15 septembre. Il décédera le 27 septembre.
Le drame du maquis du Vercors, écrasé du 13 au 21 juil-let, précède de peu la libération de Paris, le 25 août.

1945 Signature de l'armistice le 8 mai.

1963 Le ministre de la Culture, André Malraux, déci-de d'installer aux Tuileries les sculptures que Dina Vier-ny offre à l'État. Dix-huit statues en bronze et en plomb prennent place dans le jardin du Carrousel en 1964. Elles y seront replacées à la fin des travaux du Grand Louvre, en 1996.

1995 Le musée Maillol, créé par Dina Vierny, ouvre ses portes au public, au n°59-61 de la rue de Grenelle, à Paris. Il sera inauguré par le Président de la Répu-blique le 20 janvier.

BIBLIOGRAPHIE SÉLECTIVE

Judith Cladel, *Maillol, sa vie, son œuvre, ses idées*, Paris, 1937.
John Rewald, *Les ateliers de Maillol*, Colmar, 1938.
John Rewald, *Maillol*, Paris-Londres-New York, 1939.
Maurice Denis et Pierre Du Colombier, *Maillol - Dessins et pastels*, Paris, 1942.

John Rewald, *Aristide Maillol*, Paris, 1950.
Bertrand Lorquin, *Maillol*, Genève, 1994.
Dina Vierny et Bertrand Lorquin, *Maillol, la passion du bronze*, Paris, 1995.
Ursel Berger et Jörg Zutter (dir.), *Maillol*, Paris, 1996.